ドリル形式でやさしく学ぶ

C/C++

日向俊二●著

本書で取り上げられているシステム名／製品名は、一般に開発各社の登録商標／商品名です。本書では、™および®マークは明記していません。本書に掲載されている団体／商品に対して、その商標権を侵害する意図は一切ありません。本書で紹介しているURLや各サイトの内容は変更される場合があります。

はじめに

　本書は C/C++ の基本的なことがらや重要なことがらを、問題を解くことによってマスターできる問題集です。

　第 1 部は四択問題、第 2 部は穴埋め問題、第 3 部はあらかじめ提示されているプログラムを課題に沿って書き替える書き替え問題です。第 4 部はプログラムをゼロから作るプログラミング問題です。各問題は、問題、正解（または解答例）、解説、補足で構成されています。どの問題にも詳しい解説があるので、一人で取り組んでもじゅうぶん理解できるでしょう。

　本書の特徴は、単に知識を問うのではなく、問題を解くにあたってプログラムを読むことに重点を置いていることです。プログラムを読む力は、プログラムを作る力と同じようにとても重要です。本書では典型的なプログラムを示し、その意味を理解してから解く問題がたくさんあります。このような典型的なプログラムになじむことで、応用力が身につきます。

　本書のプログラムと解説をよく読めば、プログラミングの実力が付くだけでなく、さまざまなプログラムのデバッグの際に、間違いを早く発見できるようになるでしょう。本書でさまざまな試験に備えるだけでなく、C/C++ の本当の実力を身につけてください。

ご注意

- 本書の内容は特定の C/C++ の規格に準拠することを保証するものではありません。

本書の内容の二次利用について

本書の一部の問題を教育目的で試験や課題などに使う場合、改変の有無にかかわらず、著者・出版社に許諾を得る必要はありません。

本書の使い方

問題に取り組むときには、「問題」を読んで、まずは独力で解答を考えてみましょう。

問題を読んだだけではわからない場合は、「解説」を読んでから解答を考えるのもよい方法です。

自分の答えが出たら、「正解（または解答例）」を見て確認します。

「補足」で追加の情報を知ることも大切です。

本書の問題は、各部ごとに難易度が上がります。ですから、ページ順に最初から最後まで問題に取り組むというのではなく、まず第 1 部の最初のほうの問題を解いて、次に第 2 部の最初のほうの問題を解き、第 3 部、第 4 部と進んで、また第 1 部に戻って数問解くというように、各部の問題をそれぞれ順に解いてゆくのがよいでしょう。

本書に関するお問合せについて

本書の内容についてのお問合せは下記事項を明記の上、sales@cutt.co.jp にメールでお問合せください。

  書名：
  版：
  掲載ページ：
  掲載箇所：　　行目
  実行環境（OS）：種類　　ビット数
  コンパイラ：名前　　バージョン
  お問合せ内容：

なお、本書の記述を超える内容や特定の環境や特定の実行条件に関連するご質問については、著者および出版社ではお答えいたしかねます。

目次

はじめに iii

Ⅰ C言語編……1

第1部　四択問題 3

- 問題 I.1.1　C言語のシンタックス（空白） 3
- 問題 I.1.2　C言語のシンタックス（名前） 4
- 問題 I.1.3　変数 6
- 問題 I.1.4　式 8
- 問題 I.1.5　文 9
- 問題 I.1.6　演算子 11
- 問題 I.1.7　演算子の優先順位 13
- 問題 I.1.8　条件判断と実行式 15
- 問題 I.1.9　ブール式 17
- 問題 I.1.10　文字列の出力 19
- 問題 I.1.11　for ループ 22
- 問題 I.1.12　関数 25
- 問題 I.1.13　マクロ 28
- 問題 I.1.14　数値の切り上げ／切り捨てと丸め 30
- 問題 I.1.15　構造体 32
- 問題 I.1.16　レジスタ変数 35
- 問題 I.1.17　条件判断の早さ 36

第2部　穴埋め問題 39

- 問題 I.2.1　エスケープシーケンス 39
- 問題 I.2.2　データ型 40
- 問題 I.2.3　演算子 43
- 問題 I.2.4　入出力の書式 45
- 問題 I.2.5　if 文 48
- 問題 I.2.6　for ループ 50
- 問題 I.2.7　関数 52
- 問題 I.2.8　再帰関数 53
- 問題 I.2.9　数値への変換関数 55
- 問題 I.2.10　文字の種類 57
- 問題 I.2.11　文字列関数 60

- 問題 I.2.12　数値関数 62
- 問題 I.2.13　三角関数 64
- 問題 I.2.14　トークンの切り出し 65

第 3 部　書き替え問題 69

- 問題 I.3.1　if から if else へ 69
- 問題 I.3.2　for から while へ 71
- 問題 I.3.3　if 文から三項演算子へ 73
- 問題 I.3.4　複数の if から短絡評価へ 76
- 問題 I.3.5　#define から const へ 78
- 問題 I.3.6　値から定数シンボルへ 80
- 問題 I.3.7　関数への書き換え 83
- 問題 I.3.8　埋め込みコードから関数へ 86
- 問題 I.3.9　配列からポインタへ 89
- 問題 I.3.10　ポインタから配列へ 92
- 問題 I.3.11　二次元配列からポインタへ 94
- 問題 I.3.12　配列から動的メモリへ 97
- 問題 I.3.13　関数からマクロへ 99
- 問題 I.3.14　終了時に実行する関数 102
- 問題 I.3.15　if から #ifdef へ 105

第 4 部　プログラミング問題 109

- 問題 I.4.1　文字列の入力と出力 109
- 問題 I.4.2　数値の入力と出力 111
- 問題 I.4.3　コマンドライン引数 112
- 問題 I.4.4　四則演算プログラム 114
- 問題 I.4.5　列挙型 116
- 問題 I.4.6　共用体 118
- 問題 I.4.7　整数の階乗 120
- 問題 I.4.8　ピラミッドの表示 123
- 問題 I.4.9　乱数 125
- 問題 I.4.10　配列への保存 126
- 問題 I.4.11　二次元配列 130
- 問題 I.4.12　文字列の比較 132
- 問題 I.4.13　2 進文字列への変換 134
- 問題 I.4.14　16 進文字列の変換 136
- 問題 I.4.15　CSV ファイルの読み込み 138
- 問題 I.4.16　ファイルのコピー 141
- 問題 I.4.17　データの読み書き 144
- 問題 I.4.18　ファイルの調査 146
- 問題 I.4.19　現在の日付時刻 148
- 問題 I.4.20　ソートと検索 152
- 問題 I.4.21　動的メモリとメモリ上の検索 155

II　C++編……159

第 1 部　四択問題 **161**

- 問題 II.1.1　文字列の出力 161
- 問題 II.1.2　数値の入力と出力 163
- 問題 II.1.3　16 進数の出力 166
- 問題 II.1.4　文字列の長さ 168
- 問題 II.1.5　単純なクラス 171
- 問題 II.1.6　テキスト行の読み込み 174
- 問題 II.1.7　複素数 178
- 問題 II.1.8　deque（コンテナ）.. 180

第 2 部　穴埋め問題 **183**

- 問題 II.2.1　文字列 183
- 問題 II.2.2　標準エラー出力 184
- 問題 II.2.3　演算子 186
- 問題 II.2.4　クラス 188
- 問題 II.2.5　コンストラクタ 190
- 問題 II.2.6　イテレータ 192
- 問題 II.2.7　list（コンテナ）... 194
- 問題 II.2.8　new と delete 197

第 3 部　書き替え問題 **199**

- 問題 II.3.1　入出力関数から入出力ストリームへ 199
- 問題 II.3.2　名前空間指定から修飾へ 201
- 問題 II.3.3　構造体からクラスへ 203
- 問題 II.3.4　文字配列から string へ 206
- 問題 II.3.5　ループから for_each へ 209
- 問題 II.3.6　文字列の操作 212
- 問題 II.3.7　書式指定 215
- 問題 II.3.8　加算から総和アルゴリズムへ 218
- 問題 II.3.9　メンバー関数から演算子へ 222
- 問題 II.3.10　C 言語の乱数から C++ の乱数へ 225
- 問題 II.3.11　C 言語から C++ へ 227
- 問題 II.3.12　C 言語関数の呼び出し 229

第 4 部　プログラミング問題 **233**

- 問題 II.4.1　標準出力 233
- 問題 II.4.2　CSV ファイルの読み込み 235
- 問題 II.4.3　九九の表 237
- 問題 II.4.4　乱数 239

- 問題 II.4.5　map（コンテナ）...240
- 問題 II.4.6　オブジェクトのリスト 243
- 問題 II.4.7　ファイルをコピーするプログラム 245
- 問題 II.4.8　C 言語の関数 247

索 引..250

I

C言語編

四択問題

ここでは、四つの選択肢から正しい番号を選んでください。

問題 I.1.1　C 言語のシンタックス（空白）

問題

C 言語のシンタックスの説明で、間違っているものを（A）〜（D）の中から選んでください。

（A）C 言語のソースコードにある改行は、いくつあっても実行には影響を与えない。
（B）C 言語のソースコードの行は改行までである。
（C）C 言語のコメントは、実行されるコードに影響を与えない。
（D）コンパイラは、改行や水平タブを、空白文字と同じように扱う。

正解

（B）

解説

　C 言語のソースコードにある改行やスペース、水平タブは、いくつあっても空白ひとつと同じ意味を持ち、複数あっても実行には影響を与えません。

　C 言語のソースコードには原則として行の概念はありません。ひとつの文とみなすコード行は；（セミコロン）で終わります。たとえば、次のコードがあるとします。

```
 x = y + 2.34
   * c - d
   + func();
```

　これはコンパイラにとっては次の行と同じです。

I C言語編

```
x = y + 2.34 * c - d + func();
```

ただし、C++ スタイルのコメント（// ...）はソースコードの改行までです。また、文字や文字列の中のリテラル文字（' と ' か " と " で囲まれた文字）は、そのまま評価されるかエスケープシーケンスとして評価されます。

補足

長い長い文字列リテラルは行末に¥を記述することで次の行につなげることができます。

```
printf("長い長い文字列リテラルは¥
    ¥¥記号を使って2行に分けることができます。¥n");
```

この場合、文字列中の（" と " の間の）空白はすべて空白として解釈されます。

問題 I.1.2 C言語のシンタックス（名前）

問題

C言語のシンタックスの説明で、間違っているものを（A）～（D）の中から選んでください。

（A）C言語の名前では大文字小文字は区別される。
（B）C言語の変数や関数に付ける名前には空白を含めることができない。
（C）C言語の名前の長さの限界はなく、どんなに長くてもよい。
（D）同じ名前の変数を複数宣言することができない。

正解

（C）

解説

　名前として使用可能な文字列の最大の長さは規格や処理系によって決まっています。一般的には 31 文字までの名前が有効と考えるとよいでしょう。そのコンパイラの制限を超える長さの名前は、制限を超える部分が無視される場合があり、結果として同じ名前になることがあります。

　名前に空白を入れることはできません。たとえば「my name」という名前は間違いです。空白で区切られるような名前を付けたい場合には、一般的には空白の代わりに _（アンダースコア）を使って「my_name」のような名前にします。

　データ型が異なっていても同じ名前の変数名を複数宣言することはできません。

補足

　最近のコンパイラの中には、日本語（漢字やかななど）の名前が使えるものがあります。たとえば、コンパイラによっては次のようなプログラムを問題なくコンパイルして実行できます。

```c
/*
 * c_1_2.c
 */
#include <stdio.h>

int 倍にする関数(int x)
{
    return x * 2;
}

int main()
{
    int 整数変数;

    整数変数 = 3;

    // 出力する
    printf("2倍は%d\n", 倍にする関数(整数変数));
```

```
        return 0;
}
```

しかし、一般的には名前には英数文字と記号（_）を使うべきです。

なお、よりよいプログラムを書くためには、ローマ字の変数名や関数名は避け、英単語をベースにした名前に慣れるべきです。C 言語で使うさまざまな名前（ライブラリ関数の名前などに）は、たとえば、`strcpy()`（string copy）や`atoi()`（ASCII to integer）のように、英単語をベースにした名前が数多く使われているからです。このようなプログラミングで頻繁に使う英語表現に慣れておくと、関数名などを理解したり覚えるときだけでなく、外国人を含む他の人が書いたプログラムを理解する際にも役立ちます。

問題 I.1.3　変数

問題

次の（A）～（D）の中から正しいものを選んでください。

(A) ループに使う整数変数は、i、j、kなどの1文字の名前にしなければならない。
(B) 変数の名前の長さはいくら長くてもよい。
(C) 同じ名前の型の異なる変数は宣言できない。
(D) 定数はプログラムの実行中に値を変更できる変数とみなすことができる。

正解

(C)

解説

単純な整数変数の名前に i、j、k などの1文字の名前を使うことはよくありますが、これは慣例です。

変数の名前の制限は処理系によって異なりますが、一般的には31文字以下にするべき

です。

同じスコープの中で、次のように同じ名前の型の異なる変数を宣言することはできません。

```
int main()
{
    int x;
    double x;    /* 同じ名前の再定義はエラーになる */

     :
```

定数はプログラムの実行中に値を変更できません。

補足

単純なループなどの整数変数の名前に i、j、k などの 1 文字の名前を使うことはよくありますが、これは慣例であって、規則ではありません。i、j、k などを使うことが多いのは、初期の FORTRAN（最近のバージョンでは Fortran と表記する）の命名規約として「I から N の文字で始まる名前は既定では整数変数である」としていた名残です。

I C言語編

問題 I.1.4 式

問題

次の式を実行した結果として、変数 x に設定される値として正しいものを（A）〜（D）の中から選んでください。

```
int x;
x = 15 + 3.4 / 0.6;
```

(A) x = 20.666667
(B) x = 19
(C) x = 21
(D) x = 20

正解

（D）

解説

整数と実数が混在した式の計算は実数で行われます。したがって、式「15 + 3.4 / 0.6」の値は 20.666667（実際の精度はシステムによって異なることがある）になりますが、変数 x は int として定義されているので小数点以下が切り捨てられて x の値は 20 になります。なお、int による実数から整数へのキャストは四捨五入ではないので注意する必要があります。

補足

この式「x = 15 + 3.4 / 0.6;」をコンパイルすると、「= による代入は double から int への変換なのでデータが失われる可能性がある」という内容の警告が報告されるはずです。この警告を抑止するためには、次のいずれかのように int でキャストします。

```
x = 15 + (int)(3.4 / 0.6);
```

```
x = (int) (15 + (3.4 / 0.6));
```

問題 I.1.5　文

問題

「Hello, Dogs!」と出力して改行する文として正しいものを次の（A）～（D）の中から選んでください。

（A）

```
printf("Hello, Dogs!¥n);
```

（B）

```
printf("Hello, Dogs!¥n");
```

（C）

```
printf("Hello, Dogs!¥n")
```

（D）

```
puts("Hello, Dogs!¥n");
```

Ⅰ C言語編

正解

(B)

解説

文字列は " と " で囲む必要があるので、(A) は間違いです。

C言語の文は原則として ; (セミコロン) で終わるので、文末に ; がない (C) は間違いです。

puts() は文字列を出力したあとで改行します。puts() で出力する文字列の最後に改行 ("¥n") が含まれていると結果として2回改行してしまいます。

補足

文末に必要なセミコロンを付け忘れるというミスを犯すと、普通は、次の文に間違いがあるというエラーメッセージが報告されます。言い換えると、間違いのないはずのところで意味不明のエラーメッセージが報告された場合は、その前の文のセミコロンを付け忘れている可能性が高いということです。このことは覚えておくべきです。

問題 I.1.6　演算子

問題

次のプログラムの出力として正しいものを（A）～（D）の中から選んでください。

```c
/*
 * c_1_6.c
 */
#include <stdio.h>

int main ()
{
    int x = 1, y, z;

    x += 2;

    y = x << 1;

    z = (x == 1) ? 123:234;

    printf("x=%d y=%d z=%d\n", x, y, z);

    return 0;
}
```

(A) x=2 y=6 z=1
(B) x=3 y=6 z=234
(C) x=3 y=6 z=123
(D) x=3 y=6 z=2

正解

（B）

Ⅰ C言語編

解説

演算子 += は、左辺の値に右辺の値を加算します。たとえば、「a += b;」であれば、aの値にbを加算して結果をaに保存します。

演算子 << は、右辺の値を左にシフトします。たとえば、「a << b;」であれば、aの値を左にbだけシフトします。整数は1だけ左にシフトすると2倍に、2だけ左にシフトすると4倍になります。

演算子 ? は、「n ? a : b」の形式で使い、nの値が真なら式全体の値はaになり、そうでなければbになります。この場合、nの値は「x == 1」という等価比較式の結果で、xが1ならこの式は真です。

補足

このような問題を確実に解くためには、プログラムの中に値を書き込んでゆくとよいでしょう。

図 I.1.1　問題の解き方

```
#include <stdio.h>
int main ()
{
int x = 1, y, z;
x += 2;       x = 3
y = x << 1;   y  3 << 1 = 6
                                z
z = (x == 1) ? 123 : 234;
      3 == 1 → False
printf("x=%d y=%d z=%d¥n", x, y, z);
return 0;
}
```

問題 I.1.7　演算子の優先順位

問題

次のプログラムの出力として正しいものを（A）～（D）の中から選んでください。

```c
/*
 *  c_1_7.c
 */
#include <stdio.h>

int main(int argc, char *argv[])
{
    int v, x, y, z;
    x = 1;
    y = 2;
    z = 3;

    v = x + y * z << 2;

    printf("v = %d\n", v);

    return 0;
}
```

(A) v=24
(B) v=25
(C) v=28
(D) v=31

正解

(C)

解説

この問題は、式「x + y * z << 2」の演算子の優先順位がわかれば正しく解くことができます。

優先順位は次のようになります。

　　*
　　+
　　<<

つまり、上の式は次のように記述したのと同じです。

```
v = (x + (y * z) ) << 2;
```

<< はシフト演算子で、「<< 2」は左辺の整数値を4倍にします。

問題 I.1.8　条件判断と実行式

問題

xが0（ゼロ）でない整数であるときに、xの値が正の数であるか負の数であるか示す次のプログラムのうち、間違っているものを（A）〜（D）の中から選んでください。

（A）

```
if (x>0)
    printf("%dは正の数¥n", x);
else
    printf("%dは負の数¥n", x);
```

（B）

```
if (x>0)
    printf("%dは正の数¥n", x);
if (x<0)
    printf("%dは負の数¥n", x);
```

（C）

```
x ? printf("%dは正の数¥n", x) ; :printf("%dは負の数¥n", x);
```

（D）

```
x ? printf("%dは正の数¥n", x)
    :printf("%dは負の数¥n", x);
```

正解

（C）

解説

三項演算子 ? : は次の形式で使います。

```
x ? y : z;
```

ここでxは真(true)か偽(false)を表す条件式です。そして、xが真のとき式yが実行され、xが偽のときzが実行されます。このとき、yは実行される文ですが、ここではこの三項演算子の文は終わらないので、yのあとにセミコロンは必要ありません。

補足

三項演算子の文「x ? y : z;」のxは必ず真偽のいずれかになる式でなければなりませんが、yとzは値や式であっても関数を呼び出すコードであってもかまいません。ただし、次のようにセミコロンで文を複数記述することはできません。

```
/* 次のコードは間違い */
x ? printf("%dは正の数\n", x) ; x-- :printf("%dは負の数\n", x);
```

複数の文を記述したいときには、カンマ(,)で文をつなげます。

```
x ? printf("%dは正の数\n", x), x-- :printf("%dは負の数\n", x);
```

問題 I.1.9　ブール式

問題

次のプログラムの出力として正しいものを（A）〜（D）の中から選んでください。

```c
/*
 * c_1_9.c
 */
#include <stdio.h>

int main ()
{
    int x = 1, y;

    if ( x )
        x = 999;

    if ( !(x-1) )
        y = -1;
    else
        y = 1;

    printf("x=%d y=%d z=%s¥n", x, y, (x == 3) ? "true" : "false");

    return 0;
}
```

(A) x=999 y=1 z=false

(B) x=999 y=-1 z=123

(C) x=999 y=-1 z=false

(D) x=1 y=-1 z=true

正解

(A)

I C言語編

解説

　Bool式（ブール式、ブーリアンともいう）は、trueかfalseを表す式です。C言語では、整数の場合0はfalse、0以外はtrueとみなします。

　「if（ x ）」は条件式がxという整数変数ひとつですが、整数ひとつでもBool式として評価できるので、xが0ならfalse、0以外はtrueです。

　「if（ !(x-1) ）」は、まず、(x-1)という式を評価します。そして、!でその結果を反転するので、(x-1)という式の値がtrueなら条件判断式はfalse、(x-1)という式の値がfalseなら条件判断式はtrueです。

　「(x == 3) ? "true" : "false"」はひとつの式です。式 (x == 3) がtrueの場合はこの式の値は "true" に、そうでなければ "false" になります。この値は文字列（NULLで終わる文字の配列）である点に注意してください。

補足

　三項演算子を実行（評価）した結果は値です。問題文のコードでは、三項演算子の文「(x == 3) ? "true" : "false"」が返す値は、文字列 "true"（x == 3 のとき）か "false"（x != 3 のとき）です。

　三項演算子の結果が値であるということを、わかりやすいように整数で説明すると、次の式はzに999（x == 3 のとき）か111（x != 3 のとき）が代入されます。

```
z = (x == 3) ? 999 : 111
```

問題 I.1.10　文字列の出力

問題

次の「こんにちは」と出力して改行するプログラムのうち、間違っているものを（A）～（D）の中から選んでください。

（A）

```c
/*
 * c_1_10a.c
 */
#include <stdio.h>

int main ()
{
    printf("こんにちは¥n");

    return 0;
}
```

（B）

```c
/*
 * c_1_10b.c
 */
#include <stdio.h>

int main ()
{
    puts("こんにちは");

    return 0;
}
```

(C)

```
/*
 * c_1_10c.c
 */
#include <stdio.h>

int main ()
{
    printf("こんにちは¥n");

    return EXIT_SUCCESS;
}
```

(D)

```
/*
 * c_1_10d.c
 */
#include <stdio.h>

int main ()
{
    printf("こんにちは%c", 0xa);

    return 0;
}
```

正解

(C)

解説

　(A)はよく見るプログラムです。出力する文字列が違っていて、次のようになっているものを見たことがあるかもしれません。

```
    printf("Hello, world!¥n");
```

(B) は、`printf()` の代わりに `puts()` を使っています。`printf()` と `puts()` の違いは、`printf()` は指定した書式で出力されるのに対して、`puts()` は文字列を出力して改行する、という点です。

(C) は微妙です。

このプログラムは、シンボル EXIT_SUCCESS を定義しているファイル <stdlib.h> をインクルードしているか、次の定義があれば間違いではありません。

```
    #define EXIT_SUCCESS 0
```

しかし、問題に示したコードでは <stdlib.h> のインクルード文も #define のいずれもないので、コンパイルすると 'EXIT_SUCCESS' が定義されていない（'EXIT_SUCCESS' undeclared）というエラーメッセが報告されるために、間違いといえます。

(D) は「こんにちは」という文字列を出力したあとで改行の文字コードを出力しています。細かいことをいえば、システムによって改行の文字コードには次のようなものが使われることがあります。

表 I.1.1　さまざまな改行の文字コード

種類	値	読み方
CR	0x0D	キャリッジリターン
LF	0x0A	ラインフィード
CRLF	0x0D,0xA	キャリッジリターン、ラインフィード

しかし、この問題の目的であれば、どのシステムでも LF（0x0A、ラインフィード）で期待した結果が得られるはずです。

補足

古い処理系などでは `stdlib.h` に EXIT_SUCCESS が定義されていない場合があります。また、処理系によっては EXIT_SUCCESS の定義がなくても問題なくコンパイル・実行できる場

合もありますが、それはその処理系独自の拡張です。

問題 I.1.11　for ループ

問題

次のプログラムは入力された整数値 n（n はゼロでない整数）の階乗を求めるプログラムです。

```
/*
 * c_1_11.c
 */
#include <stdio.h>

int main ()
{
    int i, n, x = 1;

    printf("整数=>");

    scanf("%d", &n);

    for(   )          ……………（ア）
       x *= i;

    printf("%dの階乗は%d¥n", n, x);

    return 0;
}
```

（ア）の for 文として正しいものを（A）～（D）の中から選んでください。

(A)

```
for(i=0; i<n; i++)
```

(B)

```
for(i=0; i++; i<=n;)
```

(C)

```
for(i=1; i<n; i++)
```

(D)

```
for(i=1; i<=n; i++)
```

正解

(D)

解説

for文の書式は次の通りです。

```
for（初期化式； 条件式； 変化式）
    繰り返し実行する処理；
```

初期化式は、繰り返しを実行する前に実行する式です。

終了式は、繰り返しの継続を判断するための条件式です。

変化式は、forループの中で使う変数を繰り返しごとに変化させる式で、一般的にはi++のような増分式を使うことが多いです。

ここでは、nの階乗を計算したいので、1×2×3×……×nという式を計算したいわけです。これは、1×2の結果2を求めて、求めた値2に次に3を掛ける式（2×3）を実行

I C言語編

してその結果6を求め、さらに求めた値6に次に4を掛ける式（6×4）を実行してその結果24を求め、という作業の繰り返しです。

```
1×2=2
2×3=6
6×4=24
   :
```

一方、プログラムの中では繰り返す式として次の式が使われています。

```
 x *= i;
```

これは、次の式と同じです。

```
 x = x * i;
```

また、宣言と同時にxは1に初期化されています。

```
 x = 1;
```

for文で考えると、最初に1に1を掛けるので、初期化式は「i=1;」でよいでしょう。この計算はiがnになるまで繰り返しますから、終了式は「i<=n;」です。変化式は「i++」です。

```
 for(i=1; i<=n; i++)
    x *= i;
```

補足

nが必ず2以上なら「for(i=2; i<=n; i++)」でもかまいませんが、nが1の場合があるので「for(i=1; i<=n; i++)」でなければなりません。

問題 I.1.12　関数

問題

次のようなふたつの引数の値を加算してその結果を返す関数add()を呼び出しているプログラムがあります。

```
/*
 * c_1_12.c
 */
#include <stdio.h>

int main ()
{
    double x, y;

    printf("ふたつの実数=>");

    scanf("%lf %lf", &x, &y);

    printf("%lfと%lfとの和は%lf\n", x, y, add(x, y));  /* add()の呼び出し */

    return 0;
}
```

正しい関数add()があるときにこれを実行すると、たとえば次のようになるものとします。

```
ふたつの実数=>2.5 3.6
2.500000と3.600000との和は6.100000
```

add() のコードとして適切なものを（A）～（D）の中から選んでください。

(A)

```
add(a, b)
{
    return a + b;
}
```

(B)

```
double add(double a, double b)
{
    return a + b;
}
```

(C)

```
int add(float a, float b)
{
    return (a + b);
}
```

(D)

```
float add(int a, int b)
{
    return a + b;
}
```

正解

(B)

解説

関数 add() は、ふたつの double 型の実数を受け取って、実数を返します。ですから、関数は次のように宣言する必要があります。

```
double add(double a, double b)
```

補足

関数を定義より前に呼び出す場合は、プログラムの最初のほうに次のようなプロトタイプ宣言を入れる必要があります。

```
double add(double a, double b);
```

プロトタイプ宣言はセミコロン（;）で終わります。このプロトタイプ宣言を、関数を呼び出す前の場所に記述すれば、関数そのものは呼び出すあとに記述してもかまいません。

たとえば、次のようになります。

```c
/*
 * c_1_12a.c
 */
#include <stdio.h>

/* プロトタイプ宣言 */
double add(double a, double b);   /* 最後に;が必要 */

int main ()
{
    double x, y;

    printf("ふたつの実数=>");

    scanf("%lf %lf", &x, &y);
```

```
    printf("%lfと%lfとの和は%lf\n", x, y, add(x, y));  /* add()の呼び出し */

    return 0;
}

/* 関数本体 */
double add(double a, double b)
{
    return a + b;
}
```

問題 I.1.13　マクロ

問題

ふたつの引数の値を掛け合わせるマクロとして適切なものを（A）〜（D）の中から選んでください。

（A）

```
#define mul(a b) a * b;
```

（B）

```
#define mul(a, b) a*b
```

（C）

```
#define mul(a, b) a * b
```

(D)

```
#define mul(a, b) (a) * (b)
```

正解

(D)

解説

マクロは、次の形式で記述します。

```
#define abc xyz
```

これはコンパイル時に abc という文字列を xyz に置き換えるディレクティブ（指示）です。「#define mul(a, b) a * b」でもよさそうに思えますが、たとえば、a が「x + 1」で b が「y - 1」の場合、mul() は次のように置き換えられてしまいます。

```
x + 1 * y -1
```

「#define mul(a, b) (a) * (b)」にすれば、次のように正しく置き換えられます。

```
(x + 1) * (y -1)
```

補足

マクロはコンパイル時に呼び出すところに埋め込まれるので、一般に関数呼び出しより高速です。

I C言語編

問題 I.1.14 数値の切り上げ／切り捨てと丸め

問題

次のプログラムを実行した結果として正しいものを（A）〜（D）の中から選んでください。

```c
/*
 *  c_1_14.c
 */
#include <stdio.h>
#include <stdlib.h>
#include <math.h>

int main(int argc, char* argv[])
{
    char buff[BUFSIZ];
    double v;

    printf("数値を入力してください>");
    scanf("%s", buff);

    v = strtod(buff, NULL);
    printf("(int)%f=%d\n", v, (int)v);
    printf("ceil(%f)=%f\n", v, ceil(v));
    printf("floor(%f)=%f\n", v, floor(v));

    return 0;
}
```

（A）

```
数値を入力してください>2.7
(int)2.700000=2
ceil(2.700000)=3.000000
floor(2.700000)=2.000000
```

(B)

```
数値を入力してください>2.7
(int)2.700000=3
ceil(2.700000)=3.000000
floor(2.700000)=2.000000
```

(C)

```
数値を入力してください>2.7
(int)2.700000=2
ceil(2.700000)=2.000000
floor(2.700000)=2.000000
```

(D)

```
数値を入力してください>2.7
(int)2.700000=2
ceil(2.700000)=3.000000
floor(2.700000)=3.000000
```

正解

(A)

解説

(int)v は v を切り捨てた値を返します。
ceil(v) は v を繰り上げた整数を表す double の値を返します。
floor(v) は v を超えない整数を表す double の値を返します。

補足

(int)v のように、値の前に (と) で囲んだデータ型を記述して型を強制的に変換することをキャストといいます。

問題 I.1.15 構造体

名前（name）、年齢（age）、Eメールアドレス（e_mail）という3つの要素を含む構造体の定義で間違っているものを（A）〜（D）の中から選んでください。

(A)

```
struct member
{
   char name[256];
   int age;
   char e_mail[256];
};
typedef struct member Member;
```

(B)

```
struct member
{
   char name[256];
   int age;
   char e_mail[256];
}
typedef struct member Member
```

(C)

```
typedef struct member
{
   char name[256];
   int age;
   char e_mail[256];
} Member;
```

(D)

```
typedef struct
{
   char name[256];
   int age;
   char e_mail[256];
} Member;
```

正解

(B)

解説

structの定義の最後と、typedefの最後には;（セミコロン）が必要です。

次のようにtypedefで型宣言を同時に行うときには、構造体には名前を付けなくてもかまいません。

```
typedef struct
{
   char name[256];
   int age;
   char e_mail[256];
} Member;
```

補足

C言語の文の最後には原則としてセミコロンが必要です。しかし、#で始まるディレクティブや一部の例外的状況ではセミコロンは必要ないことがあります。そのような状況でセミコロンが必要かどうかわからないときには、セミコロンを付けてコンパイルしてみると、セミコロンが不要な場合でもコンパイルが成功することがよくあります。たとえば、次のように#include文の最後にセミコロンを付けても問題なくコンパイルできます。

```
#include <stdio.h>
#include <stdlib.h>;
#include <math.h>
```

これは単独のセミコロンは何もない文と解釈されるからです。

セミコロンを付けることで意味が変わることもあります。次の例では、if 文の条件式を評価した結果 true であったら、セミコロンだけの何もない文が実行されます。そして、「v += 2.0;」は常に実行されることになります。

```
    if (v>0.0) ;
        v += 2.0;
```

文が継続している場合にはセミコロンを付けることはできません。たとえば、次のコードは if 文の条件式の最後にセミコロンを付けていますが、if 文はセミコロンのあとの) とそのあとに続く文で成り立つものなので、コンパイル時にエラーになります。

```
    if (v>0.0;)
        v += 2.0;
```

問題 I.1.16　レジスタ変数

問題

レジスタ変数について正しいものを（A）〜（D）の中から選んでください。

（A）レジスタ変数は型の前に register を付けて宣言する。
（B）レジスタ変数の値は CPU のレジスタに保存される。
（C）プログラムの中で宣言できるレジスタ変数はレジスタの数と同じである。
（D）レジスタ変数を使うとプログラムが早くなる。

正解

（A）

解説

　レジスタ変数は「register int i;」のように型の前に register を付けて宣言します。
　レジスタ変数の値は CPU のレジスタに保存されることが期待されますが、必ずしもレジスタに保存されるわけではありません。
　プログラムの中で宣言できるレジスタ変数の数は決まっていません。
　レジスタ変数を使うとプログラムが早くなることが期待されますが、必ずしも早くなるわけではありません。

補足

　実際に生成されるコードはコンパイラやコンパイル時のオプションなどに依存します。また、レジスタ変数の値を保存するために利用できる CPU のレジスタは限りがあるため、register 宣言しても変数の値がレジスタに保存されるとは限りません。一般的には、繰り返し回数が非常に多いコードの中で頻繁に保存と参照に使われる単純な変数をレジスタ変数にします。
　レジスタ変数と実際に生成されるコードの関係については、『プログラムの不思議を解く・実力派プログラマのための教養としてのアセンブラ入門』（カットシステム、ISBN　978-4-87783-406-7）で具体的に知ることができます。

I C言語編

問題 I.1.17 条件判断の早さ

問題

あるプログラムの中にある大きなデータの配列data[]の要素すべてに対して、次のふたつの式を使って繰り返し条件判断する（A）〜（D）に示すコードがあるとします。

```
data[i] < 0.0

square(data[i]) > 0.1
```

これらのコードの中で最も時間がかかるものを（A）〜（D）の中から選んでください。

(A)

```
if ( (data[i] < 0.0) && (square(data[i]) > 0.1) )
    count++;
```

(B)

```
if (data[i] < 0.0)
    if (square(data[i]) > 0.1)
        count++;
```

(C)

```
if ((square(data[i]) > 0.1) && (data[i] < 0.0))
    count++;
```

(D)

```
if (data[i] < 0.0) {
    if (square(data[i]) > 0.1) {
        count++;
```

```
            }
        }
```

正解

(C)

解説

複数の条件判断があるときにその実行時間を少しでも早くするには、単純な条件判断を先に行うようにします。つまり、最初に時間がかからない「if (data[i] < 0.0)」を先に判断して、その結果がfalseならば時間がかかるsquare()を呼び出さないようにします。そうすると、結果として全体の実行時間が短くなります。

複数の条件判断があるときにその実行時間を少しでも早くするために、最初の条件式の結果に従って第2の条件式を評価しないようにすることを短絡評価といいます。短絡評価を行うためには、あとで評価したい式を演算子（&&や||）の右側に記述します。

補足

一般的にいって、関数を呼び出すことは、単純な演算よりも、かなり時間がかかります。これは、関数を呼び出すときに引数の値を保存したり、関数がある場所にジャンプしたり、返す値を保存しなければならないからです。

穴埋め問題

ここでは、問題の穴になっている個所を埋める問題を出題します。

問題 I.2.1 エスケープシーケンス

問題

ANSI エスケープシーケンスを次の表に示します。この表の（ア）～（ウ）に適切な説明を入れてください。

表 I.2.1　ANSI エスケープシーケンス

エスケープシーケンス	意味
¥a	ビープ音（アラート）
¥b	バックスペース
¥f	（ア）
¥n	改行
¥r	キャリッジリターン（復帰）
¥t	（イ）
¥v	垂直タブ
¥'	シングルクォーテーション（引用符）
¥"	ダブルクォーテーション（二重引用符）
¥¥	円記号（環境によってはバックスラッシュ \ が表示される）
¥?	クェスチョンマーク（文字）
¥ooo	（ウ）
¥xhhh	16 進表記の ASCII 文字

正解

（ア）フォームフィード
（イ）水平タブ
（ウ）8 進表記の ASCII 文字

解説

エスケープシーケンスは、特別な意味を持った文字を表すか、文字列の中の特別な文字を表すための、¥に続く文字のつながりです。ただし、ソースコード上はひとつのエスケープシーケンスは '¥t' のようにシングルクォーテーションで囲み1文字とみなします（複数または文字列に含まれる場合は文字列になります）。

補足

エスケープシーケンスは、システムやその設定によっては、意図した結果にならない場合があります。たとえば、putchar('¥a');を実行すると通常はそのシステムのビープ音が鳴りますが、システムやその設定によっては音が出ません。

問題 I.2.2 データ型

問題

次のプログラムは、入力した実数を整数で割った結果を出力するプログラムです。
このプログラムの（ア）～（ウ）に適切なキーワードを入れてください。

```
/*
 * c_2_2.c
 */
#include <stdio.h>

#define mul(a, b)  (a) * (b)

int main ()
{
    (ア)   k;
    (イ)   v;

    printf("実数=>");
```

```
    scanf("%lf", &v);

    printf("整数=>");

    scanf("%d", &k);

    printf("%lf/%d=%lf¥n", v, k,　(ウ)　);

    return 0;
}
```

正解

（ア）　`int`
（イ）　`double`
（ウ）　`v/k`

解説

このプログラムを実行する例を次に示します。

```
実数=>24.8
整数=>4
24.800000/4=6.200000
```

このプログラムは最初に変数vに入力された実数を受け取り、次に変数kに整数を受け取ります。
　計算は実数を整数で割る式（v / k）になりますが、このとき、整数変数kの値は自動的にdoubleに変換されます。

補足

scanf()の書式文字列は、読み込む変数がdoubleのときには%lf、floatのときには%fです。間違えるとでたらめな数を読み込んでしまいます。

書式を指定して標準入力からデータを読み出すときには使うscanf()の書式は次のような文字列で指定します。

```
%[*] [width] [pre-type]type
```

各部分の詳細は以下の通りです。

*
　　入力の値を引数に保存しない。
width
　　入力の文字幅（文字列にしたときの長さ）を指定します。
pre-type
　　typeで指定する入力数値データ引数のデフォルトサイズを変更します（表I.2.5参照）。
type
　　データの型を指定します。

表I.2.2　typeのデータ型

データ型	意味
h	データはshortまたはシングルバイト文字。
l、L	データはlongまたはワイド文字。I64のときは64ビット整数。
c、C	1個の文字。
d	intを符号付き10進整数で入力。
i	intを符号付き8進整数で入力。
o	intを符号なし8進整数で入力。
u	intを符号なし10進整数で入力。
x、X	intを符号なし16進整数で入力。xのときは"abcdef"、Xのときは"ABCDEF"を使用。
e、E	floatを[-]d.dddd e [+/-]ddd形式符号付きの値で入力。
f	floatを[-]dddd.dddd形式の符号付きの値で入力。
g、G	floatをfまたはeの書式のうち指定された値および精度を表現できる短い方の書式で入力。
s、S	文字列を最初のNULL文字（'¥0'）まで、またはwidthの範囲まで入力。Sの場合はワイド文字列。

問題 I.2.3　演算子

問題

次のプログラムを実行した結果、変数 x、y、z の値がいずれも 16 になるものとします。このとき（ア）〜（ウ）に適切な演算子を入れてください。

```
/*
 * c_2_3.c
 */
#include <stdio.h>

int main()
{
    int x, y, z;

    x = 2 （ア） 3 + 10;

    y = 2 （イ） 3;

    z = 64 （ウ） 2;

    printf("x=%d¥n", x);
    printf("y=%d¥n", y);
    printf("z=%d¥n", z);

    return 0;
}
```

正解

（ア）　*

（イ）　<<

（ウ）　>>

解説

整数には、加減乗除の演算子（+、-、*、/）のほかに、シフト演算子（>>、<<）があります。シフト演算子は、整数値の各ビットを左か右にシフトします。左に1ビットシフトすると、値は2倍になります。右に1ビットシフトすると、値は1/2になります。

図I.2.1　左シフトと右シフト

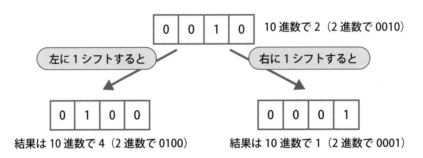

補足

データのサイズを超えてシフトすると、予期しない結果になります。

問題 I.2.4　入出力の書式

問題

次のプログラムの（ア）～（ウ）に適切な書式文字列を入れてください。

```
/*
 *  c_2_4.c
 */
#include <stdio.h>

int main()
{
    int x = 2;
    double pi = 3.14159;
    char *str = "Hello, Dogs!";

    printf( (ア) , x<<2);

    printf( (イ) , pi);

    printf( (ウ) , str);

    return 0;
}
```

なお、このプログラムの出力は次のようになるものとします。

```
2の4倍=8
Pai=3.142
文字列str=Hello, Dogs!
```

I C言語編

正解

（ア）　"2の4倍=%d¥n"

（イ）　"Pai=%5.3f¥n" または "Pai=%5.3lf¥n"

（ウ）　" 文字列str=%s¥n"

解説

書式文字列に値の書式を埋め込むときには、%に続けて出力する値の書式文字を指定します。このとき、幅や小数点以下の桁数を指定することができます。

この問題のプログラムで使っている書式指定文字列は次の表の通りです。

表 I.2.3　使っている書式指定文字列

文字列	出力する値	備考
%d	整数	%ndの形式で出力する桁数nを指定できる。
%5.3f	実数	%n.mfの形式で、最大n桁、小数点以下m桁出力することを指定できる。
%s	文字列	

補足

書式化された出力を標準出力に書き出すときの書式は次のような文字列で指定します。

```
%[flags] [width] [precision] [pre-type] type
```

各部分の詳細は以下の通りです。

flags
　出力のフラグを指定します。

表 I.2.4　flagsの値

フラグ	意味
-	指定されたフィールド幅に結果を左詰めにする。
+	出力値が符号付きの場合は、出力値の前に符号（+または-）を付ける。
0	最小幅まで0が付加される。

フラグ	意味
空白	出力値が符号付きで整数の場合、出力値の前に空白を付ける。
#	書式が o、x、X のとき 0 以外のすべての出力値の前に 0、0x、0X を付け、空白は出力しない。書式が e、E、f、g、G のとき、出力値に強制的に小数点を入れる。

width

出力の文字幅（文字列にしたときの長さ）を指定します。

precision

出力の小数点以下の文字幅を指定します。実数の場合であれば小数点以下の精度を指定します。

pre-type

type で指定する入力数値データ引数のデフォルトサイズを変更します。

表 I.2.5　pre-type の値

プリタイプ	意味
h	データは short またはシングルバイト文字。
l、L	データは long またはワイド文字。

type

データの型を指定します。

表 I.2.6　type の値

タイプ	意味
c、C	1 個の文字。
d	int を符号付き 10 進整数で出力。
i	int を符号付き 8 進整数で出力。
o	int を符号なし 8 進整数で出力。
p	ポインタを 16 進数で出力。
u	int を符号なし 10 進整数で出力。
x、X	int を符号なし 16 進整数で出力。x のときは "abcdef"、X のときは "ABCDEF" を使用。
e、E	double を [-]d.dddd e [+/-]ddd 形式符号付きの値で出力。
f	double を [-]dddd.dddd 形式の符号付きの値で出力。
g、G	double を f または e の書式のうち指定された値および精度を表現できる短い方の書式で出力。

タイプ	意味
s、S	文字列を最初のNULL文字（'¥0'）までまたはprecisionの範囲まで出力。Sの場合はワイド文字列。

出力文字列の書式にはさらに次のような決まりがあります。

- %そのものを出力するときは%%を使う。
- ¥、'、"などを出力するときにはその前に¥を付ける（エスケープシーケンス）。

問題 I.2.5　if 文

問題

次のプログラムは、入力された数が、ゼロか、ゼロより大きいか、ゼロより小さいかを判定してその結果を出力するプログラムです。このプログラムの（ア）〜（ウ）に適切な式または文を入れてください。

```
/*
 * c_2_5.c
 */
#include <stdio.h>

#define mul(a, b) (a) * (b)

int main ()
{
    float v;

    printf("実数=>");

    scanf("%f", &v);

    if ( (ア) )
        printf("%fはゼロより小さい。¥n", v);
    else if ( (イ) )
```

```
            printf("%fはゼロより大きい。¥n", v);
    (ウ)
            printf("%fはゼロ。¥n", v);

        return 0;
    }
```

正解

- （ア） v<0.0
- （イ） v>0.0
- （ウ） else

解説

if 文は、条件を判断する式を記述して、条件に一致すれば if 文に続くステートメントを実行します。else 節には条件に一致しない場合に実行されるステートメントを記述します。

このプログラムを実行する例を次に示します。

```
実数=>20
20.000000はゼロより大きい。
```

問題 I.2.6　for ループ

問題

次のプログラムは、入力された数 n の階乗を計算して出力するプログラムです。このプログラムの（ア）と（イ）に適切な式を入れてください。

```
/*
 * c_2_6.c
 */
#include <stdio.h>

int main ()
{
    int i, n, x;

    printf("整数=>");

    scanf("%d", &n);

    for ( （ア） ; （イ） ; i++)
        x *= i;

    printf("%dの階乗は%d¥n", n, x);

    return 0;
}
```

正解

（ア）i=2, x=1
（イ）i<=n

解説

n の階乗は次の式で求めます。

$$n! = n \times (n-1) \times (n-2) \times (n-3) \ldots \times 1$$

このプログラムでは、変数 i と x の初期値を設定する必要がありますが、for 文の初期化式（for (a; b; c) の a の部分）には複数の式を記述することができます。

このプログラムを実行する例を次に示します。

```
整数=>10
10の階乗は3628800
```

補足

if 文の初期化式には、カンマ（,）でつないで複数の式を記述することができます。次に例を示します。

```
for (i=2, x=1 ; i<=n ; i++)
    x *= i;
```

問題 I.2.7　関数

> **問題**

次のプログラムは、入力された値の 2.5 倍の値を計算して出力するプログラムで、2.5 倍するために関数 mul() を使っています。このプログラムの（ア）～（ウ）に適切なキーワードか式を入れてください。

```
/*
 * c_2_7.c
 */
#include <stdio.h>

 (ア) mul( (イ) x, double y)
{
    return （ウ）;
}

int main ()
{
    float v;

    printf("実数=>");

    scanf("%f", &v);

    printf("%fの2.5倍は%lf。\n", v, mul(v, 2.5));

    return 0;
}
```

> **正解**

（ア）　double
（イ）　double または float
（ウ）　x * y

解説

関数は（通常は）引数の値に基づいて結果の値を返します。引数も結果も型を指定する必要があります。

このプログラムを実行する例を次に示します。

```
実数=>40
40.000000の2.5倍は100.000000。
```

補足

式の中に float と double が混在する場合には、値は自動的に double に変換されます。

問題 I.2.8　再帰関数

問題

次のプログラムは、再帰関数を使って最大公約数を計算するプログラムです。このプログラムの（ア）〜（ウ）に適切なキーワードを入れてください。

```c
/*
 * c_2_8.c
 */
#include <stdio.h>

int gcd(int x, int y)
{
    if ( (ア) ) {
        return (イ);
    } else {
        return gcd(y, (ウ) );
    }
}
```

I C言語編

```
int main ()
{
    int x, y;

    printf("整数1=>");

    scanf("%d", &x);

    printf("整数2=>");

    scanf("%d", &y);

    printf("%dと%dの最大公約数は%d。\n", x, y, gcd(x, y));

    return 0;
}
```

正解

（ア）　y == 0
（イ）　x
（ウ）　x % y

解説

再帰関数は自分自身を呼び出す関数です。
　関数 gcd() はユークリッドの互除法を使って負でない整数 x、y の最大公約数を求めます。その方法は、

- y が 0 のときは x
- それ以外のときは y と x を y で割った余りの最大公約数

を返します。
　このプログラムを実行する例を次に示します。

整数1=>**256**
整数2=>**384**
256の384の最大公約数は128。

問題 I.2.9　数値への変換関数

問題

次のプログラムは、入力された数を、整数、長整数（long）、実数に変換してそれぞれの値を出力するプログラムです。このプログラムの（ア）～（ウ）に適切なキーワードを入れてください。

```
/*
 *  c_2_9.c
 */
#include <stdio.h>
#include <stdlib.h>

int main(int argc, char* argv[])
{
    char buff[BUFSIZ];
    double v;

    printf("数値を入力してください>");
    scanf("%s", buff);

    printf("整数にすると%d\n", （ア）);

    printf("ロング整数にすると%ld\n", （イ）);

    printf("実数にすると%f\n", （ウ）);

    return 0;
}
```

正解

（ア）　atoi(buff)

（イ）　atol(buff)

（ウ）　atof(buff)

解説

atoi()は、引数の文字列のはじめの数値部分をint型の整数に変換します。

atol()は、引数の文字列のはじめの数値部分をlong型の長整数に変換します。

atof()は、引数の文字列のはじめの数値部分をfloat型の実数に変換します。

このプログラムを実行する例を次に示します。

```
数値を入力してください>2147
整数にすると2147
ロング整数にすると2147
実数にすると2147.000000
```

補足

atoi()はASCII to integer、atol()はASCII to long、atof()はASCII to floatの略です。strtod()でも、文字列を実数に変換できます。

問題 I.2.10　文字の種類

問題

次のプログラムは、入力されたキーに対応する文字の種類を出力するプログラムです。このプログラムの（ア）～（エ）に下の選択肢の中のいずれかを入れてください。

```
/*
 *   c_2_10.c
 */
#include <stdio.h>
#include <ctype.h>

int main(int argc, char* argv[])
{
    char buff[BUFSIZ];
    int c;

    while (1)
    {
        printf("文字=>");
        gets(buff);
        c = (int)buff[0];

        if (c == '\0')
            break;

        printf("文字%c (%x) は", c, c);
        if (isalnum(c))
            printf("アルファベットまたは数字です。\n");
        if ( (ア) )
            printf("アルファベットです。\n");
        if (iscntrl(c))
            printf("制御文字です。\n");
        if ( (イ) )
            printf("数値のための文字です。\n");
        if (isgraph(c))
            printf("スペースを除いた表示可能な文字です。\n");
```

```
            if ( (ウ) )
                printf("小文字です。¥n");
            if (isprint(c))
                printf("表示可能です。¥n");
            if (ispunct(c))
                printf("区切り文字です。¥n");
            if ( (エ) )
                printf("空白文字です。¥n");
            if (isupper(c))
                printf("大文字です。¥n");
            if (isxdigit(c))
                printf("16進数の数字です。¥n");
        }
        return 0;
 }
```

● 選択肢

　isspace(c)、isdigit(c)、isalpha(c)、islower(c)

正解

(ア)　isalpha(c)

(イ)　isdigit(c)

(ウ)　islower(c)

(エ)　isspace(c)

解説

isalpha() は、引数の文字がアルファベットであるときにゼロ以外の値（ブール値にすると true）を返します。
isdigit() は、引数の文字が数値のための文字であるときにゼロ以外の値を返します。
islower() は、引数の文字が小文字であるときにゼロ以外の値を返します。
isspace() は、引数の文字が空白文字であるときにゼロ以外の値を返します。
このプログラムを実行する例を次に示します。

```
文字=>a
文字a（61）はアルファベットまたは数字です。
アルファベットです。
スペースを除いた表示可能な文字です。
小文字です。
表示可能です。
16進数の数字です。
文字=>Ab
文字A（41）はアルファベットまたは数字です。
アルファベットです。
スペースを除いた表示可能な文字です。
表示可能です。
大文字です。
16進数の数字です。
文字=>1
文字1（31）はアルファベットまたは数字です。
数値のための文字です。
スペースを除いた表示可能な文字です。
表示可能です。
16進数の数字です。
文字=>%
文字%（25）はスペースを除いた表示可能な文字です。
表示可能です。
区切り文字です。
文字=>　（空白）
文字　（20）は表示可能です。
空白文字です。
文字=>^B （Ctrl+B）
文字(2)は制御文字です。
文字=>↵ （終了します）
```

問題 I.2.11 文字列関数

問題

次のプログラムは、文字列をコメントで記述したように操作するプログラムです。このプログラムの（ア）～（ウ）に選択肢から適切な語を選んで入れてください。

```c
/*
 *  c_2_11.c
 */
#include <stdio.h>
#include <stdlib.h>
#include <string.h>

int main(int argc, char *argv[])
{
    char str0[BUFSIZ];
    char str1[] = "ABC";
    char c = 'c';

    /* str1をstr0にコピーする */
    (ア) (str0, str1);

    /* str0の終端に"xyz"を連結する */
    (イ) (str0, "xyz");

    /* str0の中に文字cがあるかどうか調べる */
    if ( (ウ) (str0, c) != NULL)
        printf("%sに%cがあります。\n", str0, c);
    else
        printf("%sに%cはありません。\n", str0, c);

    return 0;
}
```

●選択肢

strchr、strcat、strcpy

正解

（ア） strcpy
（イ） strcat
（ウ） strchr

解説

strcpy() は文字列をコピーする関数です。書式は次の通りです。

```
char *strcpy(char *dest, const char *src);
```

文字列 src をバッファ dest にコピーします。引数 src の最後は NULL で終了していなければならず、終端の NULL（'¥0'）もコピーされます。

戻り値はコピーされた文字列 dest のポインタです。

strcat() はふたつの文字列を連結する関数です。書式は次の通りです。

```
char *strcat(char *dest, const char *src);
```

ここで、引数 dest は、先頭の文字列であり、連結した結果を保存することになる文字列バッファです。引数 src は後ろに連結する文字列です。

戻り値は結果としてできた文字列 dest のポインタです。

strchr() は文字列中の文字の位置を示す関数です。書式は次の通りです。

```
char *strchr(const char *s, int c);
```

ここで引数 s は文字を探す文字列、引数 c は探す文字です。

戻り値は、検索に成功したときは一致した最初の文字のポインタで、文字が見つからないときは NULL が返されます。

このプログラムを実行する例を次に示します。

ABCxyzにcはありません。

問題 I.2.12 数値関数

問題

次のプログラムは、入力された整数に対して、その絶対値、2乗の値、平方根の値を出力するプログラムです。このプログラムの(ア)〜(ウ)に関数を呼び出すコードを入れてください。

```c
/*
 * c_2_12.c
 */
#include <stdio.h>
#include <math.h>

int main()
{
    int n;

    printf("整数=>");

    scanf("%d", &n);

    printf("%dの絶対値=%d¥n", n, (ア));

    printf("%dの2乗=%f¥n", n, (イ));

    if (n>0)
        printf("%dの平方根=%f¥n", n, (ウ));

    return 0;
}
```

正解

(ア)　abs(n)
(イ)　pow(n, 2.0)
(ウ)　sqrt((double)n)

解説

絶対値、べき乗の値、平方根の値を計算する関数はライブラリに組み込まれています。pow()とsqrt()の引数は実数で、sqrt()の引数は正の値でなければなりません。このプログラムを実行する例を次に示します。

```
整数=>5
5の絶対値=5
5の2乗=25.000000
5の平方根=2.236068
```

```
整数=>-9
-9の絶対値=9
-9の2乗=81.000000
```

補足

同様の関数として、実数の絶対値を計算する fabs()、長整数 (long) の絶対値を計算する labs()、実数の小数点以下を切り捨てる floor() などが用意されています。

また、処理系に long long 型が定義されている場合、long long int の絶対値を計算する関数 llabs() も使えることがあります。llabs() と labs() は引数と戻り値の型が異なるだけで、llabs() の使い方は labs() と同じです。

問題 I.2.13 三角関数

問題

次のプログラムは、入力された整数に対して、そのサイン、コサイン、タンジェントの値を出力するプログラムです。このプログラムの（ア）～（ウ）に適切なものを入れてください。

```
/*
 *  c_2_13.c
 */
#include <stdio.h>
#include <math.h>

int main()
{
    float r;

    printf("角度（ラジアン）=>");

    scanf("%f", &r);

    printf("%fのサイン=%d¥n", r, （ア）);

    printf("%fのコサイン=%f¥n", r, （イ）);

    printf("%fのタンジェント=%f¥n", r, （ウ）);

    return 0;
}
```

正解

（ア）　sin(r)

（イ）　cos(r)

（ウ）　tan(r)

解説

sin()、cos()、tan() は math.h で宣言されています。
このプログラムを実行する例を次に示します。

```
角度（ラジアン）=>1
1.000000のサイン=-2147483648
1.000000のコサイン=0.540302
1.000000のタンジェント=1.557408
```

問題 I.2.14　トークンの切り出し

問題

次のプログラムは、標準入力から入力された文字列を、区切り文字（スペース　, .）で切り分けて出力するプログラムです。

```c
/*
 *  c_2_14.c
 */
#include <stdio.h>
#include <string.h>

int main(int argc, char *argv[])
{
    char buff[BUFSIZ];
    char delim[] = " ,.\t\n";
    char *tok;

    printf("文字列=>");
    fgets(buff, BUFSIZ, stdin);

    /* 最初のトークンを取得する */
    tok = strtok(buff, delim);
```

I C言語編

```
    while( (ア) != NULL)
    {
        /* 取り出したトークンを出力する */
        printf("%s\n", tok);
        /* 次のトークンを取得する */
        tok = (イ) ( (ウ) , delim);
    }

    return 0;
}
```

実行例を次に示します。

```
文字列=>Hello, happy dogs.
Hello
happy
dogs
```

このプログラムの（ア）～（ウ）に次の選択肢から適切なものを選んで入れてください。

●選択肢

　NULL、tok、strtok

正解

（ア）　tok

（イ）　strtok

（ウ）　NULL

> **解説**

　strtok() は文字列から次のトークンを取り出す関数です。この関数の書式は次の通りです。

```
char *strtok(char *str, const char *delim);
```

　ここで、引数 str はトークンの入っている文字列で、引数 delim はデリミタ文字の配列のポインタです。strtok() を呼び出すと、str の中で delim の各文字をデリミタ(区切り文字)として次のトークンを見つけます。strtok() の 2 回目以降の呼び出しでは str に NULL を指定すると、すでにトークンを取り出した部分を除いた残りの部分から次のトークンを取り出します。

　この関数の戻り値は str にある次のトークンのポインタです。それ以上トークンがないときは NULL が返されます。

第3部 書き替え問題

ここで取り組む問題は、プログラムを書き替える問題です。

問題 I.3.1　if から if else へ

問題

次のプログラムは、入力された整数が、ゼロか、正の数か、負の数かを調べてその結果を出力するプログラムです。

```c
/*
 * c_3_1.c
 */
#include <stdio.h>

int main ()
{
    int n;

    printf("整数=>");

    scanf("%d", &n);

    if (n == 0)
        printf("%dはゼロ。", n);

    if (n > 0)
        printf("%dは正の数。", n);

    if (n < 0)
        printf("%dは負の数。", n);

    return 0;
}
```

I C言語編

このプログラムを if...else ～を使ったプログラムに書き替えてください。

解答例

```
/*
 * c_3_1a.c
 */
#include <stdio.h>

int main ()
{
    int n;

    printf("整数=>");

    scanf("%d", &n);

    if (n == 0)
        printf("%dはゼロ。", n);
    else if (n > 0)
        printf("%dは正の数。", n);
    else
        printf("%dは負の数。", n);

    return 0;
}
```

解説

ふたつの if 文の代わりに if...else ～を使うと条件判断式をひとつ減らすことができる場合があり、そうするとプログラムの実行速度が速くなります。
　このプログラムを実行する例を次に示します。

```
整数=>-10
-10は負の数。
```

問題 I.3.2 for から while へ

問題

次のプログラムは、入力された整数 n の階乗を計算して出力するプログラムです。

```
/*
 * c_3_2.c
 */
#include <stdio.h>

int main ()
{
    int n, i, x = 1;

    printf("整数=>");

    scanf("%d", &n);

    for (i=2; i<= n; i++)
        x *= i;

    printf("%dの階乗は%d¥n", n, x);

    return 0;
}
```

このプログラムの for ループを while ループに書き替えてください。ただし、書き替え後のプログラムの中で使ってよい変数は 2 個までとします。

I C言語編

解答例

```
/*
 * c_3_2a.c
 */
#include <stdio.h>

int main ()
{
    int n, x = 1;

    printf("整数=>");

    scanf("%d", &n);

    printf("%dの階乗は", n);

    while (n > 1)
        x *= n--;

    printf("%d¥n", x);

    return 0;
}
```

解説

　一般的にはforループはカウンタ変数を使いたいときに使います。たとえば次のようなループでは、iがカウンタ変数です。

```
 for (i=0; i<= n; i++)
    /* 繰り返す文 */
```

whileループは、条件が真になるまで繰り返す文を繰り返します。

```
while ( 条件 )
    /* 繰り返す文 */
```

　この問題は、for 文を使ったプログラムの変数 i を使わずに条件を記述する方法を考えることがポイントです。なお、N の階乗は、$1 \times 2 \times 3 \times ... \times (N–1) \times N$ という式で計算しますが、この式は $N \times (N–1) \times ... \times 3 \times 2 \times 1$ と変形しても結果は同じです。
　このプログラムを実行する例を次に示します。

整数=>**10**
10の階乗は3628800

問題 I.3.3　if 文から三項演算子へ

問 題

　次のプログラムは、x が 0（ゼロ）でない整数であるときに、x の値が正の数であるか負の数であるか示すプログラムです。

```c
/*
 *   c_3_3.c
 */
#include <stdio.h>

int main()
{
    int x;

    printf("ゼロでない整数=>");
    scanf("%d", &x);

    if (x>0)
        printf("%dは正の数\n", x);
```

```
        else
            printf("%dは負の数¥n", x);

        return 0;
    }
```

このプログラムのif文を三項演算子 ?: に書き換えてください。

解答例

```
/*
 *  c_3_3a.c
 */
#include <stdio.h>

int main()
{
    int x;

    printf("ゼロでない整数=>");
    scanf("%d", &x);

    x ? printf("%dは正の数¥n", x)
      :printf("%dは負の数¥n", x);

    return 0;
}
```

解説

三項演算子 ?: は次の形式で使います。

```
x ? y : z;
```

ここでxは真(true)か偽(false)を表す条件式です。そして、xが真のとき式yが実行され、xが偽のとき式zが実行されます。式が長い場合などには、必要に応じて改行することができます。

　このプログラムを実行する例を次に示します。

```
ゼロでない整数=>-1
-1は負の数
```

補足

　三項演算子の結果は他の変数などに代入することができます。
　次の例ではvが正の場合はvが、vが負の場合はv * -1.0が返されてxに代入されます。その結果、xの値はvの絶対値になります。

```
x = (v > 0.0) ? v : v * -1.0;
```

I C言語編

問題 I.3.4 複数の if から短絡評価へ

問題

次のプログラムは、入力されたふたつの整数を割り算した結果が正の場合にその結果を出力するプログラムです。

```
/*
 *   c_3_4.c
 */
#include <stdio.h>

int main()
{
    int n, m;

    printf("ふたつの整数=>");
    scanf("%d %d", &n, &m);

    if (m != 0) {
        if (n/m > 0)
            printf("%d/%d = %f¥n", n, m, 1.0*n/m);
    }

    return 0;
}
```

このプログラムの機能は同じまま、if 文がひとつになるように書き換えてください。

解答例

```
/*
 *   c_3_4a.c
 */
#include <stdio.h>
```

```c
int main()
{
    int n, m;

    printf("ふたつの整数=>");
    scanf("%d %d", &n, &m);

    if (m != 0 && n/m > 0)
            printf("%d/%d = %f\n", n, m, 1.0*n/m);

    return 0;
}
```

解 説

if 文に複数の条件判断式があるときには、左側の式から評価されて、最初の条件式の結果に従って第2の条件式を評価しないようにすることができます。これを短絡評価といいます。短絡評価を行うためには、あとで評価したい式を演算子（&& や ||）の右側に記述します。

上のプログラムの場合、「if (m != 0 && n/m > 0)」で最初に分母がゼロであるかどうか調べてから、分母がゼロでなければ割り算を行います。これを「if (n/m > 0　&& m != 0)」にしてしまうと、分母 m がゼロであっても割り算を行おうとして異常終了します。

このプログラムを実行する例を次に示します。

```
ふたつの整数=>50 2
50/2 = 25.000000
```

補 足

式を「1.0*n/m」として実数計算にしても、異常終了しなくなります（結果は少し変わります）。

問題 I.3.5　#define から const へ

問題

次のプログラムは、入力された数の半分の値を計算して出力するプログラムです。

```c
/*
 *  c_3_5.c
 */
#include <stdio.h>
#include <stdlib.h>

#define N_MAX   20

int main()
{
    int n;

    printf("整数=>");
    scanf("%d", &n);

    if (n<1 || n >= N_MAX) {
        printf("数は1以上%d以下にしてください。\n", N_MAX);
        exit(-1);
    }

    printf("%dの半分は%f\n", n, n/2.0);

    return 0;
}
```

このプログラムの #define を使った値の定義を const を使った定数定義に書き替えてください。

正解

```
/*
 *  c_3_5a.c
 */
#include <stdio.h>
#include <stdlib.h>

int main()
{
    int n;
    const int n_max = 20;

    printf("整数=>");
    scanf("%d", &n);

    if (n<1 || n >= n_max) {
        printf("数は1以上%d以下にしてください。¥n", n_max);
        exit(-1);
    }

    printf("%dの半分は%f¥n", n, n/2.0);

    return 0;
}
```

解説

　#defineを使った定義と異なり、constを使った定数は型を伴うので、単純な間違いを防ぐことができる場合があります。
　このプログラムを実行する例を次に示します。

```
整数=>15
15の半分は7.500000
```

補足

古い C 言語のコンパイラには、const をサポートしないものがあります。

問題 I.3.6　値から定数シンボルへ

問題

次のプログラムは、入力された数 n に対して 1/n を計算した結果を出力するプログラムです。

```c
/*
 *  c_3_6.c
 */
#include <stdio.h>
#include <stdlib.h>

int main()
{
    int n;
    char buff[128];

    printf("整数=>");

    scanf("%s", buff);

    n = atoi(buff);

    if (n == 0) {
        puts("ゼロ以外の値を入力してください。");
        return 1;
    }

    printf("1/%d=%f\n", n, 1.0 / n);

    return 0;
```

```
    }
```

　このプログラムのリテラル値（128、1、0 など）のうち、次の表にある定数シンボルを使って記述するのが適切な値を、定数シンボルに書き換えてください。

表 I.3.1　グローバル定数

シンボル	機能
BUFSIZ	バッファサイズの定数
EXIT_FAILURE	処理の失敗を示す定数
EXIT_SUCCESS	処理の成功を示す定数

正解

```c
/*
 *  c_3_6a.c
 */
#include <stdio.h>
#include <stdlib.h>

int main()
{
    int n;
    char buff[BUFSIZ];

    printf("整数=>");

    scanf("%s", buff);

    n = atoi(buff);

    if (n == 0) {
        puts("ゼロ以外の値を入力してください。");
        return EXIT_FAILURE;
    }

    printf("1/%d=%f\n", n, 1.0 / n);
```

```
        return EXIT_SUCCESS;
}
```

解説

通常、次の定数はあらかじめ定義されています。

表 I.3.2　グローバル定数

項目	機能
BUFSIZ	バッファサイズの定数
EOF	ファイル終端またはエラーを示す定数
EXIT_FAILURE	処理の失敗を示す定数
EXIT_SUCCESS	処理の成功を示す定数
NULL	値が0であることを示す定数

ほとんどの場合、stdlib.hに定義されています。

使用可能な場合はこれらの定数を使うとプログラムが読みやすくなる場合があります。

このプログラムを実行する例を次に示します。

```
整数=>4
1/4=0.250000
```

補足

システムレベルの関数呼び出しのエラーコードを表すグローバル変数errnoも、ほとんどの処理系で使用可能です。

問題 I.3.7　関数への書き換え

次のプログラムは、整数と整数の割算を行って商と余りを計算するプログラムです。

```
/*
 *   c_3_7.c
 */
#include <stdio.h>
#include <stdlib.h>

int main(int argc, char *argv[])
{
    int x,y;
    div_t div_result;

    if (y == 0) {
        puts("割る数は0以外の値にしてください。");
        exit(1);
    }

    printf("ふたつの整数=>");
    scanf("%d %d", &x, &y);

    printf("%d/%d の商= %d、", x, y, x/y);
    printf("余り= %d¥n", x%y);

    return 0;
}
```

このプログラムを div() を使って書き換えてください。

解答例

```
/*
 *  c_3_7a.c
 */
#include <stdio.h>
#include <stdlib.h>

int main(int argc, char *argv[])
{
    int x,y;
    div_t div_result;

    printf("ふたつの整数=>");
    scanf("%d %d", &x, &y);

    if (y == 0) {
        puts("割る数は0以外の値にしてください。");
        exit(1);
    }

    div_result = div(x, y);
    printf("%d/%d の商= %d、余り= %d\n",
        x, y, div_result.quot, div_result.rem);

    return 0;
}
```

解説

div() は整数の割算を行って商と余りを計算する関数です。書式は次の通りです。

```
div_t div(int numer, int denom);
```

ここで、引数 numer は割られる数、引数 denom は割る数です。
戻り値は商と余りが入っている div_t 型の値で、div_t は次のように定義されています。

```
typedef struct _div_t {
   int quot;   /* 商 (quotient)   */
   int rem;    /* 余り (remainder) */
} div_t;
```

商は div_t.quot、余りは div_t.rem で得ることができます。
このプログラムを実行する例を次に示します。

```
ふたつの整数=>10 7
10/7 の商= 1、余り= 3
```

```
ふたつの整数=>-10 7
-10/7 の商= -1、余り= -3
```

補足

長整数（long）の割算の商と余りを計算する関数 ldiv() もあります。

問題 I.3.8 埋め込みコードから関数へ

問題

次のプログラムは、入力された文字列の中の小文字をすべて大文字にして出力するプログラムです。

```
/*
 * c_3_8.c
 */
#include <stdio.h>
#include <ctype.h>

int main ()
{
    int i;
    char buffer[256];

    printf("文字列=>");

    fgets(buffer, 256, stdin);

    /* 小文字を大文字にする */
    for (i=0; buffer[i] != '\0'; i++)
        if (islower(buffer[i]))
            buffer[i] -= 0x20;

    puts(buffer);

    return 0;
}
```

このプログラムの文字列の中の小文字をすべて大文字にする部分を関数として書き替えてください。

解答例

```
/*
 * c_3_8a.c
 */
#include <stdio.h>
#include <ctype.h>

/* 小文字を大文字にする */
char *strupper(char *str)
{
    int i;

    for (i=0; str[i] != '\0'; i++)
        if (islower(str[i]))
            str[i] -= 0x20;  /* または str[i] = toupper(str[i]); */

    return str;
}

int main ()
{
    char buffer[256];

    printf("文字列=>");

    fgets(buffer, 256, stdin);

    puts(strupper(buffer));

    return 0;
}
```

解説

islower()はctype.hで宣言されている関数で、引数の文字が小文字ならtrueを返します。

アルファベットの大文字の文字コードは、小文字のコードから0x20引いた値です。

```
文字列=>abcDEFgh
ABCDEFGH
```

補足

小文字を大文字にする関数strupper()は、ポインタを使って次のようにすることもできます。

```c
/* 小文字を大文字にする */
char *strupper(char *str)
{
    char *p;

    p = str;

    while (*p != '\0') {
        if (islower(*p))
            *p -= 0x20;
        p++;
    }
    return str;
}
```

問題 I.3.9　配列からポインタへ

問題

次のプログラムは、入力された文字列の長さ（文字列の最後の NULL 文字も含む）を調べて出力するプログラムです。

```
/*
 * c_3_9.c
 */
#include <stdio.h>

int getbytes(char buffer[])
{
    int i, count = 0;

    for (i=0; buffer[i] != '\0'; i++)
        count += 1;

    return count;
}

int main ()
{
    char buffer[256];

    printf("文字列=>");

    fgets(buffer, 256, stdin);

    printf("%sの長さは%dバイト。\n", buffer, getbytes(buffer));

    return 0;
}
```

このプログラムの関数 getbytes() をポインタを使って書き替えてください。

解答例

```
/*
 * c_3_9a.c
 */
#include <stdio.h>

int getbytes(char *buffer)
{
    int count = 0;

    while( *buffer++ != '\0')
        count += 1;

    return count;
}

int main ()
{
    char buffer[256];

    printf("文字列=>");

    fgets(buffer, 256, stdin);

    printf("%sの長さは%dバイト。\n", buffer, getbytes(buffer));

    return 0;
}
```

解説

配列を使ったプログラムは、ポインタを使ったプログラムに書き替えることができます。

図 I.3.1　配列とポインタの関係

int *p, x[4];
p = &x[0]; とする

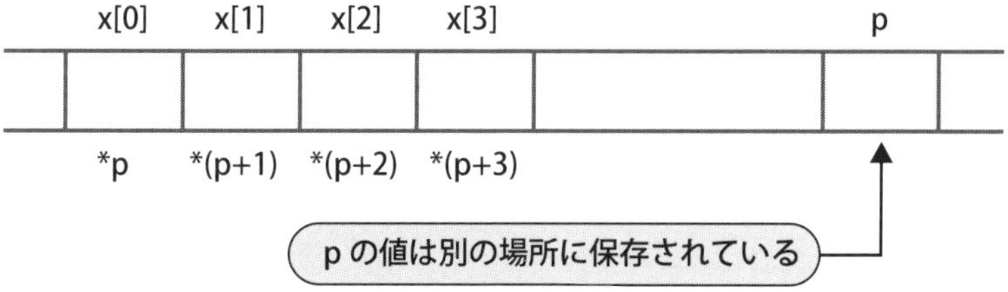

```
     x[0]   x[1]   x[2]   x[3]                  p
   ┌──────┬──────┬──────┬──────┬──────────┬──────┬──┐
   │      │      │      │      │          │      │  │
   └──────┴──────┴──────┴──────┴──────────┴──────┴──┘
     *p   *(p+1) *(p+2) *(p+3)                ▲
                                              │
              ┌──────────────────────────────┐│
              │ p の値は別の場所に保存されている ├┘
              └──────────────────────────────┘
```

このプログラムを実行する例を次に示します。

```
文字列=>abc
abc
の長さは4バイト。
```

```
文字列=>はじめの
はじめの
の長さは9バイト。
```

補足

配列を使う関数は次のように書き替えることもできます。

```
int getbytes(char buffer[])
{
    int i = 0;

    while (buffer[i] != '\0')
        i++;

    return i;
}
```

問題 I.3.10　ポインタから配列へ

問題

　次のプログラムは、大文字小文字が混ざった文字列をすべて小文字にして出力するプログラムです。

```c
/*
 *  c_3_10.c
 */
#include <stdio.h>
#include <ctype.h>

int main( void )
{
    int i;
    char s[] = "AbCdEfGh";
    char *p;

    puts(s);   /* 変換前の文字列を出力*/

    p = s;
    for (i=0; *p!=0; i++)
        *p++ = tolower(*p);

    puts(s);   /* 変換後の文字列を出力*/

    return 0;
}
```

　このプログラムをポインタを使わないプログラムとして書き替えてください。

解答例

```c
/*
 *  c_3_10a.c
 */
#include <stdio.h>
#include <ctype.h>
#include <string.h>

int main( void )
{
    int i;
    char s[] = "AbCdEfGh";

    puts(s);   /* 変換前の文字列を出力*/

    for (i=0; i<strlen(s); i++)
        s[i] = tolower(s[i]);

    puts(s);   /* 変換後の文字列を出力*/

    return 0;
}
```

解説

strlen() は文字列の長さを返します。この関数を使うために、#include <string.h> を追加する必要があります。

初心者にとってはポインタより配列のほうがわかりやすいでしょう。しかし、一般的にいって、配列をポインタに置き換えるメリットはあまりありません。

この問題では、配列とポインタの関係や違いをよく理解しているかどうか確認することができます。

このプログラムの実行結果を次に示します。

```
AbCdEfGh
abcdefgh
```

問題 I.3.11 二次元配列からポインタへ

問題

次のプログラムは、double 型の 3 × 3 の配列に 0.0 〜 9.9 までの範囲のランダムな実数を保存し、そのデータを出力するプログラムです。

```c
/*
 *  c_3_11.c
 */
#include <stdio.h>
#include <stdlib.h>
#include <time.h>

int main()
{
    double a[3][3];
    int i, j;
    time_t t;

    /* 乱数ジェネレータを初期化する */
    srand((unsigned) time(&t));

    /* 配列にデータを保存する */
    for (i=0; i<3; i++)
        for (j=0; j<3; j++)
            a[i][j] = (rand() % 100) / 10.0;

    /* 配列のデータを出力する */
    for (i=0; i<3; i++) {
        for (j=0; j<3; j++)
            printf("%3.1lf ", a[i][j]);
        printf("\n");
    }

    return 0;
}
```

このプログラムのデータを出力するコードを、配列添え字を使わないでポインタを使うように書き換えてください。

解答例

```c
/*
 *  c_3_11a.c
 */
#include <stdio.h>
#include <stdlib.h>
#include <time.h>

int main()
{
    double a[3][3], *p;
    int i, j;
    time_t t;

    /* 乱数ジェネレータを初期化する */
    srand((unsigned) time(&t));

    /* 配列にデータを保存する */
    for (i=0; i<3; i++)
        for (j=0; j<3; j++)
            a[i][j] = (rand() % 100) / 10.0;

    /* 配列のデータを出力する */
    p = &a[0][0];
    for (i=0; i<3; i++) {
        for (j=0; j<3; j++)
            printf("%3.1lf ", *p++);
        printf("\n");
    }

    return 0;
}
```

解説

二次元配列のデータは次の図に示すようにメモリ上に並んで保存されます。

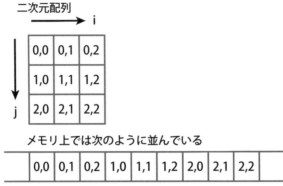

図 I.3.2　二次元配列のデータとメモリ

そのため、配列の先頭を指すポインタをインクリメントしてゆくとすべてのデータにアクセスすることができます。

このプログラムの実行結果を次に示します。

```
0.2 6.3 4.9
3.7 3.6 0.0
1.1 7.9 6.0
```

補足

乱数は関数 rand() で生成します。この関数を使うときには、毎回同じ系列の乱数が生成されないように、srand() を使って乱数ジェネレータを初期化する必要があります。通常、srand() の引数には現在の時刻を使います。構造体 time_t と関数 time() は現在時刻を取得するために使っています。

問題 I.3.12　配列から動的メモリへ

問題

次のプログラムは、入力された文字列をそのまま出力するプログラムです。

```c
/*
 * c_3_12.c
 */
#include <stdio.h>

#define BUFFER_SIZE 256

int main ()
{
    char buffer[BUFFER_SIZE];

    printf("文字列=>");

    fgets(buffer, BUFFER_SIZE - 1, stdin);

    printf("%s", buffer);

    return 0;
}
```

このプログラムは、たとえば次のように実行します。

```
文字列=>Hello, Dogs!
Hello, Dogs!
```

このプログラムを配列を使わないプログラムとして書き替えてください。

解答例

```c
/*
 * c_3_12a.c
 */
#include <stdio.h>
#include <stdlib.h>

#define MEM_SIZE 256

int main ()
{
    char *buffer;

    /* メモリを動的に確保する */
    buffer = (char *)malloc(MEM_SIZE);
    if(buffer == NULL) {
        puts("メモリを確保できません。");
        exit (-1);
    }

    printf("文字列=>");

    fgets(buffer, MEM_SIZE-1, stdin);

    printf("%s", buffer);

    /* メモリを解放する */
    free(buffer);

    return 0;
}
```

解説

メモリを動的に確保するには、malloc() や calloc() を使います。calloc() は確保したメモリ領域がゼロで初期化されます。

使い終わったメモリは free() で解放します。

> 補足

メモリを動的に再確保するときには realloc() を使います。

問題 I.3.13　関数からマクロへ

> 問題

次のプログラムは、実数の割り算を行う関数 div() を使って、入力された値を割った結果を出力するプログラムです。

```c
/*
 * c_3_13.c
 */
#include <stdio.h>

double div(double x, double y)
{
    return x / y;
}

int main ()
{
    float v1, v2;

    printf("割られる数=>");

    scanf("%f", &v1);

    printf("割る数=>");

    scanf("%f", &v2);

    printf("%f/%fは%lf。¥n", v1, v2, div(v1, v2));
```

```
        return 0;
    }
```

このプログラムの関数 div() をマクロに書き替えてください。

正解

```
/*
 * c_3_13a.c
 */
#include <stdio.h>

#define div(a, b) (a)/(b)

int main ()
{
    float v1, v2;

    printf("割られる数=>");

    scanf("%f", &v1);

    printf("割る数=>");

    scanf("%f", &v2);

    printf("%f/%fは%lf。¥n", v1, v2, div(v1, v2));

    return 0;
}
```

解説

マクロは #define で定義し、プログラムの中の該当する部分が定義に置き換えられます。このプログラムを実行する例を次に示します。

```
割られる数=>10
割る数=>7
10.000000/7.000000は1.428571。
```

```
割られる数=>-10
割る数=>7
-10.000000/7.000000は-1.428571。
```

補足

「#define div(a, b) (a)/(b)」は、div(a, b)という文字列(a, bは任意の文字列)を、(a)/(b)に置き換えます。このとき、「#define div(a, b) a/b」としてしまうと、たとえばaがx-1でbが3である場合に式は「x-1/3」となってしまいます。このようなことを避けるために、aとbを()で囲む必要があります。

問題 I.3.14 終了時に実行する関数

問題

次のプログラムは、入力されたふたつの整数の割り算を行って、商と余りを出力するプログラムです。

```
/*
 *  c_3_14.c
 */
#include <stdio.h>
#include <stdlib.h>

int main(int argc, char* argv[])
{
    int n1, n2;

    printf("ふたつの数値=>");
    scanf("%d %d", &n1, &n2);

    /* nが0ならプログラムを終了する */
    if (n2 == 0)
    {
        printf("割る数が%dでは計算できません。¥n", n2);
        printf("プログラムを終了しました。¥n");
        exit (0);
    }

    printf("%d / %d は=%d...%d¥n", n1, n2, n1/n2, n1%n2);
    printf("プログラムを終了しました。¥n");

    return 0;
}
```

このプログラムの重複している printf(" プログラムを終了しました。¥n") が重複しないように変更してください。

解答例

```c
/*
 *  c_3_14a.c
 */
#include <stdio.h>
#include <stdlib.h>

void funcexit(void)
{
    printf("プログラムを終了しました。\n");
}

int main(int argc, char* argv[])
{
    int n1, n2;

    /*  終了後に実行する関数をあらかじめ登録する  */
    atexit(funcexit);

    /*  プログラムのメインロジック  */
    printf("ふたつの数値=>");
    scanf("%d %d", &n1, &n2);

    /*  nが0ならプログラムを終了する  */
    if (n2 == 0)
    {
        printf("割る数が%dでは計算できません。\n", n2);
        exit (0);
    }

    printf("%d / %d は=%d...%d\n", n1, n2, n1/n2, n1%n2);

    return 0;
}
```

解説

プログラムが正常終了したときに呼び出す関数を登録するときには、atexit() を使います。この関数の書式は次の通りです。

```
int atexit(void (*func)(void));
```

ここで、引数 func はプログラムの終了時に呼び出す関数名です。

戻り値は、関数登録が成功すると 0、失敗したときには -1 でエラーコードが errno にセットされます。

プログラムの正常終了は、exit() が呼び出されたとき、またはプログラムが main() からリターンして終了するときに発生します。登録した関数は、登録した順番とは逆の順番で呼び出されます。

この関数を使って登録した関数には引数の値は渡されないので、登録する関数は引数なしの関数でなければなりません。

このプログラムを実行する例を次に示します。

```
ふたつの数値=>10 7
10 / 7 は=1...3
プログラムを終了しました。
```

```
ふたつの数値=>-10 0
割る数が0では計算できません。
プログラムを終了しました。
```

補足

Windows には同じ目的の独自の関数 _onexit() があります。

問題 I.3.15　if から #ifdef へ

問題

次のプログラムは、現在のディレクトリの内容を出力するプログラムです。

```
/*
 *  c_3_15.c
 */
#include <stdio.h>
#include <stdlib.h>
#include <ctype.h>
#ifdef _MSC_VER
#include <direct.h>
#else
#include <unistd.h>
#endif

int main(int argc, char* argv[])
{
    char dir[BUFSIZ];

    getcwd(dir, BUFSIZ);

    puts(dir);

    if (isalpha(dir[0]) && dir[1] == ':')
        system( "dir" );
    else
        system( "ls -la" );

    return 0;
}
```

　このプログラムで、UNIX 系と Windows の両方のプラットフォームに対応できるように、現在のディレクトリの内容を出力するために使っている if 文を #ifdef に書き換えてください。

解答例

```
/*
 *  c_3_15a.c
 */
#include <stdio.h>
#include <stdlib.h>
#ifdef _MSC_VER
#include <direct.h>
#else
#include <unistd.h>
#endif

int main(int argc, char* argv[])
{
#ifdef _MSC_VER
    system( "dir" );
#else
    system( "ls -la" );
#endif

    return 0;
}
```

解説

　_MSC_VER は Microsoft の C/C++ コンパイラであらかじめ定義されているマクロです。

　system() はコマンドを実行する関数ですが、UNIX 系と Windows では実行する OS のコマンドが異なります。

　if 文で実行するプログラムを切り替える代わりに、#ifdef でコンパイルするコードを切り替えることで生成されるコードのサイズを小さくすることができます。この例ではインクルードするファイルも #ifdef...#else...endif で切り替えています。

　このプログラムを実行する例を次に示します。

```
 ドライブ C のボリューム ラベルは Win です
 ボリューム シリアル番号は C857-F193 です

 C:¥code¥ConsoleApplication1¥ConsoleApplication1 のディレクトリ

2016/11/18  16:20    <DIR>          .
2016/11/18  16:20    <DIR>          ..
2016/11/18  09:32             4,098 ConsoleApplication1.vcxproj
2016/11/18  09:32             1,002 ConsoleApplication1.vcxproj.filters
2016/11/18  16:20    <DIR>          Debug
2016/11/18  16:20               277 Source.cpp
               3 個のファイル           5,377 バイト
               3 個のディレクトリ  163,926,052,864 バイトの空き領域
```

第4部 プログラミング問題

ここで取り組む問題は、プログラムを作成する問題です。ここで解答例として示すプログラムはひとつの例です。解答例と完全に同じでなくても問題なく目的を達成できれば正解とします。

問題 I.4.1 文字列の入力と出力

問題

名前を入力すると、「○○さん、こんにちは」と出力されるプログラムを作成してください。

解答例

```c
/*
 * c_4_1.c
 */
#include <stdio.h>

int main ()
{
    int i;
    char buffer[256];

    printf("名前=>");

    scanf("%s", buffer);

    printf("%sさん、こんにちは\n", buffer);

    return 0;
}
```

解説

文字列の入力には scanf() を使うことができます。
このプログラムを実行する例を次に示します。

名前=>山本
山本さん、こんにちは

名前=>山本 太郎
山本さん、こんにちは

補足

名前に「山野 太郎」のように空白を含めることができるようにしたいときには、次のように fgets() を使います。このとき、文字列を受け取ったバッファの最後には改行文字が入っているので、それを 0（または '¥0'）に置き換えます。

```c
#include <stdio.h>
#include <string.h>

int main ()
{
    int i;
    char buffer[256];

    printf("名前=>");

    fgets(buffer, 256, stdin);
    buffer[strlen(buffer)-1] = 0;   /* 文字列の最後の改行を取る */

    printf("%sさん、こんにちは¥n", buffer);

    return 0;
}
```

このプログラムを実行する例を次に示します。

```
名前=>山本 太郎
山本 太郎さん、こんにちは
```

問題 I.4.2　数値の入力と出力

問題

整数と実数をユーザーが入力すると、その平均値を出力するプログラムを作ってください。たとえば次のように実行できるようにします。

```
整数=>5
実数=>6.8
平均値は5.900000です。
```

解答例

```c
/*
 * c_4_2.c
 */
#include <stdio.h>

int main(int argc, char *argv[])
{
    int n;
    float v;

    printf("整数=>");

    scanf("%d", &n);
```

```
    printf("実数=>");

    scanf("%f", &v);

    printf("平均値は%fです。¥n", (n + v) / 2.0);

    return 0;
}
```

解説

　ユーザーの入力した整数値は integer の変数で受け取り、実数値は float または double の変数で受け取ります。
　整数と実数が混在した式では、整数値は実数値に自動的に変換されて計算されます。

問題 I.4.3　コマンドライン引数

問題

　コマンドラインに引数として指定した2個の実数値を加算して出力するプログラムを作ってください。

解答例

```
/*
 * c_4_3.c
 */
#include <stdio.h>
#include <stdlib.h>

int main (int argc, char *argv[])
```

```
{
    double v1, v2;

    if (argc<2) {
        puts("コマンドライン引数が足りません。");
        exit(-1);
    }

    v1 = atof(argv[1]);
    v2 = atof(argv[2]);

    printf("%s+%s=%lf\n", argv[1], argv[2], v1 + v2);


    return 0;
}
```

解説

コマンドライン引数を使うプログラムの main() は次のように記述します。

```
int main (int argc, char *argv[])
{
```

argc にはコマンドライン引数の数が、argv にはコマンドライン引数文字列の配列が入っています。

argv[n] に含まれているコマンドライン引数文字列を実数値に変換するために atof() を使うことができます。

このプログラムを実行する例を次に示します。

```
C:\code>c_4_3 4.5 5.5
4.5+5.5=10.000000
```

問題 I.4.4　四則演算プログラム

問題

　プログラムの引数として「数値 演算子 数値」の形式で式を指定すると、その計算結果を出力するプログラムを作成してください。
　たとえば、次のように実行します。

```
C:¥code>c_4_4 12.3 + 2.5
12.3 + 2.5 = 14.800000
```

　使える演算子は、加減乗除（+、-、*、/）の4種類とします。

解答例

```c
/*
 *  c_4_4.c
 */
#include <stdio.h>
#include <stdlib.h>

int main(int argc, char *argv[])
{
    int i;
    double v1, v2;

    if( argc !=4 ){
        puts("値2個と演算子1個を含む式を引数に指定してください。");
        exit(EXIT_FAILURE);
    }

    v1 = atof( argv[1] );
    v2 = atof( argv[3] );

    for( i = 1; i < argc; i++){
```

```
            printf("%s ", argv[i]);
    }
    if (argv[2][0] == '+')
        printf("= %f\n", v1 + v2);
    if (argv[2][0] == '-')
        printf("= %f\n", v1 - v2);
    if (argv[2][0] == '*')
        printf("= %f\n", v1 * v2);
    if (argv[2][0] == '/')
        printf("= %f\n", v1 / v2);

    return 0;
}
```

補足

switch...case文を使って次のようにしてもかまいません。

```
/*
 *  c_4_4a.c
 */
#include <stdio.h>
#include <stdlib.h>

int main(int argc, char *argv[])
{
    int i;
    double v1, v2;

    if( argc !=4 ){
        puts("値2個と演算子1個を含む式を引数に指定してください。\n");
        exit(EXIT_FAILURE);
    }

    v1 = atof( argv[1] );
    v2 = atof( argv[3] );

    for( i = 1; i < argc; i++){
```

```
            printf("%s ", argv[i]);
        }
        switch(argv[2][0]) {
            case '+':
                printf("= %f\n", v1 + v2);
                break;
            case '-':
                printf("= %f\n", v1 - v2);
                break;
            case '*':
                printf("= %f\n", v1 * v2);
                break;
            case '/':
                printf("= %f\n", v1 / v2);
                break;
        }

        return 0;
    }
```

問題 I.4.5　列挙型

問題

キーワード enum を使って色の値を定義し、それを出力するプログラムを作ってください。

解答例

```
/*
 * c_4_5.c
 */
#include <stdio.h>
```

```
enum Color
{
    Black = 0,
    Red = 0xff0000,
    Green = 0x00ff00,
    Blue = 0x0000ff,
    White = 0xffffff
};

int main()
{
    printf("白の色の値は%0X¥n", White);
    printf("黒の色の値は%0X¥n", Black);
    printf("赤の色の値は%0X¥n", Red);
    printf("緑の色の値は%0X¥n", Green);
    printf("青の色の値は%0X¥n", Blue);

    return 0;
}
```

解説

キーワード enum を使って列挙型を定義できます。一般に、列挙型は、一連の整数の定数（列挙子）を定義するときに使います。

書式は次の通りです。

```
enum [ tag ]
{
   id [ = value ]
   [ , ... ]
}
```

ここで、tag は列挙型の名前です。省略可能ですが、この列挙型の変数を宣言して使いたいときには必須です。

id は定数（列挙子）の名前です。

value は定数の値で整数でなければなりません。この値 value は省略可能で、その場合、デフォルトでは最初の定数の値は 0 から始まり、以降の定数には 1 つ前の定数より 1 ずつ大きな値が割り当てられます。

このプログラムの実行結果を次に示します。

```
白の色の値はFFFFFF
黒の色の値は0
赤の色の値はFF0000
緑の色の値はFF00
青の色の値はFF
```

問題 I.4.6 共用体

問題

共用体を使って、8文字以下の名前を入力すると ID が生成されるプログラムを作成してください。

たとえば、次のように「Pochi」という名前を入力すると「68636F50」のような英数文字の ID を生成するようにします。

```
名前(8文字以下)=>Pochi
名前=Pochi ID=68636F50
```

解答例

```
/*
 * c_4_6.c
 */
#include <stdio.h>
```

```
typedef union nameid
{
    char name[9];
    unsigned int id[2];
} NameID;


int main()
{
    NameID d;

    d.id[0] = 0;
    d.id[1] = 0;

    printf("名前(8文字以下)=>");
    scanf("%s", d.name);

    printf("名前=%s ID=%08X%08X¥n", d.name, d.id[0], d.id[1]);

    return 0;
}
```

解説

共用体は同じデータ領域を複数の変数が共用します。たとえば、`unsigned int` のサイズが 4 バイトであると仮定すると、次の例では、`name` に値を保存すると、`id[0]` はその文字列の前半 4 バイトの値になり、`id[1]` はその文字列の後半 4 バイトの値になります。

```
union nameid
{
    char name[9];
    unsigned int id[2];
};
```

次の図は、このときの共用体のメモリ上のイメージです。

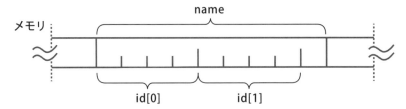

図 I.4.1 共用体のメモリ上のイメージ

補足

int や unsigend int のサイズはシステムによって異なるので、実行結果は上に示したものとは異なることがあります。

問題 I.4.7 整数の階乗

問題

入力された整数 n の階乗 $n!$ を計算するプログラムを作ってください。

解答例

```
/*
 * c_4_7.c
 */
#include <stdio.h>

int factorial(int n)
{
    int i;

    if (n == 0)
```

```
        return 1;

    for (i=n-1; i>1; i--)
        n *= i;

    return n;
}

int main ()
{
    int i, n;

    printf("整数=>");
    scanf("%d", &n);

    printf("%dの階乗は%d¥n", n, factorial(n));

    return 0;
}
```

解説

nの階乗は、$1 \times 2 \times 3 \times ... \times n$ という式を計算することで求めることができます。ただし、$n=0$ のときには $n!=1$ です。

このプログラムを実行する例を次に示します。

```
整数=>10
10の階乗は3628800
```

補足

再帰関数を使って次のようにすることもできます。

```
/*
 * c_4_7a.c
 */
#include <stdio.h>

int factorial(int n)
{
  int m;

  if (n == 0)
    return 1;
  m = factorial(n - 1);
  return n * m;
}

int main ()
{
    int i, n;

    printf("整数=>");
    scanf("%d", &n);

    printf("%dの階乗は%d¥n", n, factorial(n));


    return 0;
}
```

問題 I.4.8　ピラミッドの表示

問題

文字'*'を使って、入力された段数のピラミッドを出力するプログラムを作成してください。

たとえば次のように実行できるようにします。

```
段数=>5
    *
   ***
  *****
 *******
*********
```

ただし、指定できる段数は1以上20以下とします。

解答例

```c
/*
 * c_4_8.c
 */
#include <stdio.h>
#include <stdlib.h>

int main()
{
    int i, j, n;

    printf("段数=>");
    scanf("%d", &n);

    if (n<1 || n > 20) {
        puts("段数は1以上20以下にしてください。");
        exit(-1);
```

```c
    }

    for (i=1; i<=n; i++) {
        for (j=0; j<=n-i-1; j++) {
            putchar(' ');        /* 空白 */
        }
        for (j=0; j<i*2-1; j++) {
            putchar('*');
        }
        printf("\n");  /* 改行 */
    }

    return 0;
}
```

解説

　文字'*'を出力してピラミッドを描くためには、段ごとに空白を出力してから文字'*'を必要な数だけ出力します。

　出力する*や空白の数は次の図のようになります。

図I.4.2　ピラミッドの作成

n=1	段	*の数	空白の数		n=4	段	*の数	空白の数
*	1	1	0		*	1	1	3
					***	2	3	2
n=2	段	*の数	空白の数		*****	3	5	1
*	1	1	1		*******	4	7	0
***	2	3	0					
					n=5	段	*の数	空白の数
n=3	段	*の数	空白の数		*	1	1	4
*	1	1	2		***	2	3	3
***	2	3	1		*****	3	5	2
*****	3	5	0		*******	4	7	1
					*********	5	9	0

この図から、n 段のとき、

　* の数は n*2-1

　最上段に必要な空白の数は n-1

であることがわかります。

問題 I.4.9　乱数

問題

0 〜 99 までの数をランダムに出力し、0 が生成されたら終了するプログラムを作成してください。

解答例

```
/*
 * c_4_9.c
 */
#include <stdio.h>
#include <stdlib.h>
#include <time.h>

int main()
{
    time_t t;
    int n;

    /* 乱数ジェネレータを初期化する */
    srand((unsigned) time(&t));

    while ((n = rand() % 100) != 0)
        printf("%d\n", n);
```

```
    return 0;
}
```

解説

乱数は関数 rand() で生成できます。この関数を使うときには、毎回同じ系列の乱数が生成されないように、srand() を使って乱数ジェネレータを初期化する必要があります。srand() の引数は、典型的には、現在の時刻を使います。

補足

C++ にはより改良された乱数クラスがあります。

問題 I.4.10　配列への保存

問題

5人の名前とテストの点数を入力すると、名前と得点のリストと、平均点、最高点、最低点を出力するプログラムを作成してください。

たとえば次のように実行できるようにします。

```
名前 得点=>Jim 88
名前 得点=>Ken 67
名前 得点=>Tommy 97
名前 得点=>山田 86
名前 得点=>山川 63

Jim:88点
Ken:67点
Tommy:97点
山田:86点
山川:63点
```

平均点= 80.2点
最高点=97点
最低点=63点

解答例

```c
/*
 * c_4_10.c
 */
#include <stdio.h>
#include <stdlib.h>

#define NAME_SIZE 256

int main ()
{
    int i;
    char name[5][NAME_SIZE];    /* 名前を保存する */
    int p, point[5];            /* 得点を保存する */
    int total, min, max;        /* 合計点、最低、最高点 */

    total = 0;
    min = 100;
    max = 0;
    for (i=0; i<5; i++) {
        /* 名前と得点の入力 */
        printf("名前 得点=>");
        scanf("%s %d", name[i], &p);
        point[i] = p;
        /* 合計 */
        total += p;
        /* 最高 */
        if (max < p)
            max = p;
        /* 最低 */
        if (min > p)
            min = p;
    }
```

```
    printf("¥n");
    for (i=0; i<5; i++)
        printf("%s:%d点¥n", name[i], point[i]);

    printf("¥n平均点=%5.1f点¥n", total / 5.0);
    printf("最高点=%d点¥n", max);
    printf("最低点=%d点¥n", min);

    return 0;
}
```

解説

ユーザーが入力したデータは、あとで出力に使うので、配列に保存します。このとき、名前は文字配列の配列になるので、二次元配列になります。

平均点を出すためには、合計点を計算して、人数で割ります。

最高点を出すためには、まず、最高点数を保存する変数 max を 0 にしておいて、それより大きな点数が入力されたらその点数を max に保存します。最低点も同じ考え方でより小さい値を変数 min に保存します。

補足

次のような構造体を定義して使ってもかまいません。

```
/* 生徒の名前と得点を保存する構造体 */
typedef struct {
    char name[NAME_SIZE];    /* 名前を保存する */
    int point;               /* 得点を保存する */
} Student;
```

構造体を使うプログラムの例を次に示します。

```c
/*
 * c_4_10a.c
 */
#include <stdio.h>
#include <stdlib.h>

#define NAME_SIZE 256

/* 生徒の名前と得点を保存する構造体 */
typedef struct {
    char name[NAME_SIZE];    /* 名前を保存する */
    int point;               /* 得点を保存する */
} Student;

int main ()
{
    int i;
    Student data[5];         /* 生徒のデータを保存する */
    int p, point[5];         /* 得点を保存する */
    int total, min, max;     /* 合計点、最低、最高点 */

    total = 0;
    min = 100;
    max = 0;
    for (i=0; i<5; i++) {
        /* 名前と得点の入力 */
        printf("名前 得点=>");
        scanf("%s %d", data[i].name, &p);
        data[i].point = p;
        /* 合計 */
        total += p;
        /* 最高 */
        if (max < p)
            max = p;
        /* 最低 */
        if (min > p)
            min = p;
    }

    printf("¥n");
    for (i=0; i<5; i++)
```

```
        printf("%s:%d点\n", data[i].name, data[i].point);

    printf("\n平均点=%5.1f点\n", total / 5.0);
    printf("最高点=%d点\n", max);
    printf("最低点=%d点\n", min);

    return 0;
}
```

問題 I.4.11　二次元配列

問題

　サイズが 4 × 4 の整数配列を作ってそこに 0 ～ 99 のランダムな値を保存し、その値を出力するプログラムを作成してください。

解答例

```
/*
 * c_4_11.c
 */
#include <stdio.h>
#include <stdlib.h>
#include <time.h>

int main()
{
    int a[4][4];
    int i, j;
    time_t t;

    /* 乱数ジェネレータを初期化する */
    srand((unsigned) time(&t));
```

```c
    /* 配列にデータを保存する */
    for (i=0; i<4; i++)
        for (j=0; j<4; j++)
            a[i][j] = rand() % 100;

    /* 配列のデータを出力する */
    for (i=0; i<4; i++) {
        for (j=0; j<4; j++)
            printf("%2d ", a[i][j]);
        printf("\n");
    }

    return 0;
}
```

解説

二次元の配列は、多次元配列の中では最も頻繁に使われる配列です。

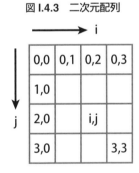

図 I.4.3　二次元配列

要素には2個のインデックス（添え字）でアクセスします。

このプログラムを実行する例を次に示します。

```
36 67 66 46
48 98 88 16
84 80 93 14
84 69 43 42
```

補足

このプログラムのインデックスの範囲は 0〜3 と 0〜3 ですが、配列を宣言するときには要素数として 4 と 4 を指定しなければなりません。

問題 I.4.12　文字列の比較

問題

入力されたふたつの文字列を比較して、その結果を出力するプログラムを作成してください。

解答例

```c
/*
 * c_4_12.c
 */
#include <stdio.h>
#include <string.h>

int main(void)
{
    int ret;
    char s1[256], s2[256];

    /* 文字列を入力する */
    printf("文字列1=>");
    gets(s1);
    printf("文字列2=>");
    gets(s2);

    /* 文字列を比較する */
    ret = strcmp(s1, s2);
    if (ret == 0)
        printf("%s と %s は同じ。¥n", s1, s2);
    else if (ret > 0)
        printf("%s より %s が小さい。¥n", s1, s2);
```

```
        else
            printf("%s より %s が大きい。¥n", s1, s2);

        return 0;
    }
```

解説

ふたつの文字列を較べる関数は strcmp() です。比較は文字コードの値で行われ、最初に一致しない文字コード値の大小で関係が決定されます。

書式は次の通りです。

```
int strcmp(const char *s1, const char *s2);
```

ここで、引数 s1 と引数 s2 は比較する文字列です。

戻り値は比較した結果を示す整数で次の表に示す通りです。

表 I.4.1　strcmp( ) の戻り値の意味

返される値	文字列 s1 と s2 の関係
0 未満の値	s1 が s2 より小さい
0	s1 と s2 が等しい
0 を超える値	s1 が s2 より大きい

このプログラムを実行する例を次に示します。

```
文字列1=>abc
文字列2=>abc
abc と abc は同じ。
```

```
文字列1=>abc
文字列2=>abd
abc より abd が大きい。
```

```
文字列1=>abc
文字列2=>xyz
abc より xyz が小さい。
```

```
文字列1=>doggy
文字列2=>pony
doggy より pony が大きい。
```

問題 I.4.13　2進文字列への変換

問題

10進数の整数を2進数に変換して出力するプログラムを作成してください。

解答例

```c
/*
 * c_4_13.c
 */
#include <stdio.h>

int main()
{
    int n, i, m;

    printf("正の整数=>");
    scanf("%d", &n);

    m = 1;
    for (i=16; i>=0; i--)
    {
```

```
        printf( "%d", ( n >> i ) & 1 );
    }
    printf("\n");

    return 0;
}
```

解説

2進数値に変換するときには、ビット単位でひとつのビットが1であるマスクと対象の数をAND（&）演算して、その結果が1であるか0であるかという結果を出力する方法が容易な方法です。

図 I.4.4　AND で2進のある桁の値を求める方法

```
整数      11                           11
          ↓  2進表現                    ↓
       00001011                     00001011
          AND                          AND
マスク  00001000                     00000100
          └→ 2進数表現の4桁目は1       └→ 3桁目は0
```

このプログラムを実行する例を次に示します。

```
正の整数=>11
00000000000001011
```

補足

2進数に変換する方法はほかにもあります。たとえば、対象の値を右にシフトしながら1桁目が1であるかゼロであるか調べる方法を使うこともできます。

問題 I.4.14　16進文字列の変換

問題

16進数の文字列を数値に変換するプログラムを作成してください。

解答例

```
/*
 * c_4_14.c
 */
#include <stdio.h>
#include <stdlib.h>

int main(int argc, char* argv[])
{
    char buff[BUFSIZ], *endptr;
    long v;

    printf("16進数を入力してください=>");
    scanf("%s", buff);

    v = (int)strtol(buff, &endptr, 16);

    if (endptr == &buff[0])
        printf("文字列% s は数値ではありません.\n", buff);
    else
        printf("値は=%ld\n", v);

    return 0;
}
```

> **解説**

strtol() は文字列をロング整数に変換する関数です。書式は次の通りです。

```
long int strtol(const char *nptr, char **endptr, int base);
```

ここで、引数 nptr は変換する文字列、引数 endptr は変換のスキャンを終了した位置を示す文字へのポインタ、引数 base は変換する際の数の基数です。

この関数は認識できない最初の文字があるとそこで文字列の読み出しを中止し、そのポインタを endptr に保存します。

変換する文字列は次の書式に一致しなければなりません。

```
[ws] [sn] [0] [x] [ddd]
```

各部分の詳細は以下の通りです。

[ws]
　ホワイトスペース（なくてもよい）
[sn]
　符号（+ または -, なくてもよい）
[0]
　0（なくてもよい）
[x]
　x または X（なくてもよい）
[ddd]
　数字列（なくてもよい）

引数 base が 2 と 36 の範囲内であれば、基数が base の値として変換されます。base が 0 の場合、引数 nptr の最初の 2 〜 3 文字によって変換される値の基数が決まります。

表 I.4.2　base が 0 の場合の文字列の解釈

第1字	第2字	文字列の解釈
0	1～7	8進数
0	x または X	16進数
1～9		10進数

引数 base が 1、負あるいは 36 を超える値であると無効な値とみなされます。

このプログラムを実行する例を次に示します。

```
16進数を入力してください=>1a9
値は=425
```

補足

文字列を符号なしロング整数に変換する関数として strtoul() があります。

問題 I.4.15　CSV ファイルの読み込み

問題

名前と得点からなる次のような内容の CSV（Comma-Separated Values、カンマ区切り）ファイルがあるものとします。

```
朝日裕子,76
木藤薫,68
本郷衛,65
古井越智,46
山形次郎,85
```

ファイル名は Sample.csv であるとします。

この CSV ファイルを読み込んで、ファイルの内容と、平均値と最高／最低点を出力するプログラムを作成してください。

解答例

```c
/*
 * c_4_15.c
 */
#include <stdio.h>
#include <string.h>
#include <stdlib.h>

int main(int argc, char *argv[])
{
    FILE *fp;
    char buf[BUFSIZ], name[BUFSIZ], *tok;
    int point, min, max, total, count;

    /* ファイルを開く */
    if ((fp = fopen("Sample.csv", "r")) == NULL) {
        puts("ファイルSample.csvを開けません。");
        exit(-1);
    }

    min = 100;
    max = 0;
    total = 0;
    count = 0;
    /* ファイルを読み込んで出力する */
    while (fgets(buf, BUFSIZ, fp) != NULL) {
        /* 最初のトークン（名前）を取得する */
        tok = strtok(buf, ",");
        strcpy(name, tok);
        printf("%s:", name);    /* 名前を出力する */
        /* 次のトークン（得点）を取得する */
        tok = strtok (NULL, ",\r\n");
        point = atol(tok);
        printf("%d\n", point);  /* 得点を出力する */
        count++;                /* 読み込んだ人数 */
        total += point;         /* 総得点 */
        if (min>point)
            min = point;
        if (max<point
```

```
            max = point;
    }
    printf("平均点=%6.2f¥n", 1.0 * total / count); /* 最高得点を出力する */
    printf("最高点=%d¥n", max); /* 最高得点を出力する */
    printf("最低点=%d¥n", min); /* 最低得点を出力する */

    /* ファイルを閉じる */
    fclose(fp);

    return 0;
}
```

解説

　ファイルからテキスト行を読み込むときには fgets() を使います。このとき、行末の改行も読み込まれます。
　strtok() は文字列から次のトークンを取り出す関数です。この関数の書式は次の通りです。

```
char *strtok(char *str, const char *delim);
```

　ここで、引数 str はトークンの入っている文字列で、引数 delim はデリミタ (区切り文字) の配列のポインタです。strtok() を呼び出すと str の中で delim の各文字をデリミタとして次のトークンを見つけます。strtok() の2回目以降の呼び出しでは str に NULL を指定すると、すでにトークンを取り出した部分を除いた残りの部分から次のトークンを取り出します。ここでは、最初に名前をトークンとして切り出し、次に得点をトークンとして切り出します。そして、最初のトークンを strcpy() を使って変数 name にコピーし、次に得点を関数 atol() を使って数値に変換して point に保存します。
　このプログラムの実行結果を次に示します。

```
朝日裕子:76
木藤薫:68
本郷衛:65
```

```
        古井越智:46
        山形次郎:85
        平均点= 68.00
        最高点=85
        最低点=46
```

問題 I.4.16 ファイルのコピー

問題

任意のファイルをコピーするプログラムを作成してください。

解答例

```
/*
 * c_4_16.c
 */
#include <stdio.h>
#include <stdlib.h>

#define BUFFER_LEN 256

int main(int argc, char **argv)
{
    FILE *fpi, *fpo;
    char buffer[BUFFER_LEN];
    long count = 0L;
    int len;

    if (argc < 3) {
        puts("コピー元とコピー先のファイル名を指定して実行してください。");
        puts("例：c_4_16 src dest");
        exit(-1);
    }
```

```c
    /* ファイルを開く */
    if ((fpi = fopen(argv[1], "r")) == NULL) {
        printf("ファイル%sを開けません。\n", argv[1]);
        exit(-1);
    }
    if ((fpo = fopen(argv[2], "w")) == NULL) {
        printf("ファイル%sを開けません。\n", argv[2]);
        exit(-1);
    }

    printf("%sから%sにコピーします。\n", argv[1], argv[2]);

    /* ファイルを読み込んで出力する */
    while (len = fread(buffer, sizeof( unsigned char ), BUFFER_LEN, fpi))
    {
        fwrite(buffer, sizeof( unsigned char ), len, fpo);
        count += len;
    }

    /* ファイルを閉じる */
    fclose(fpi);
    fclose(fpo);

    printf("%ldバイトコピーしました。\n", count);

    return 0;
}
```

解説

　コピー元とコピー先のファイル名はコマンドラインで指定できるようにするのが標準的な方法です。コマンドラインの情報は、関数main()の引数でプログラムに渡されます。

```c
int main(int argc, char **argv)
{
```

引数argcには引数の数が、argv[0]にはプログラム名が、argv[1]には最初のコマンドライン引数文字列が、argv[2]には2番めのコマンドライン引数文字列が入ります。

ファイルの内容をバッファbufferに読み込む典型的な手順は次の通りです。

```
/* ファイルを開く */
fpi = fopen(filename, "r");

/* ファイルを読み込む */
fread(buffer, sizeof( unsigned char ), BUFFER_LEN, fpi));

/* ファイルを閉じる */
fclose(fpi);
```

バッファbufferにあるデータをファイルに書き込む典型的な手順は次の通りです。

```
/* ファイルを開く */
fpo = fopen(argv[2], "w"));

/* ファイルに出力する */
fwrite(buffer, sizeof( unsigned char ), len, fpo);

/* ファイルを閉じる */
fclose(fpo);
```

このプログラムを実行する例を次に示します。

```
C:\code>c_4_16 Sample.csv sample.txt
Sample.csvからsample.txtにコピーします。
56バイトコピーしました。
```

I C言語編

問題 I.4.17 データの読み書き

問題

test.data という名前のファイルを作成して、文字列「Hello C/C++ world」をファイルに保存し、それを読み出して出力するログラムを作成してください。

解答例

```c
/*
 * c_4_17.c
 */
#include <stdio.h>
#include <stdlib.h>

#define FILENAME "test.data"

int main(void)
{
    FILE *fpo, *fpi;
    char msg[] = "Hello C/C++ world";
    char str[BUFSIZ];

    if ((fpo = fopen(FILENAME, "w")) == NULL)
    {
        printf("%sを開けません。", FILENAME);
        return 1;
    }
    if (fputs(msg, fpo) != EOF) {
        printf("%sを書き込みました。¥n", msg);
    } else {
        puts("書き込みに失敗しました。");
        fclose(fpo);
        exit(1);
    }
    fclose(fpo);
```

```c
    if ((fpi = fopen(FILENAME, "r")) == NULL)
    {
        printf("%sを開けません。", FILENAME);
        return 1;
    }
    if (fgets(str, BUFSIZ, fpi) != NULL) {
        printf("読み込んだデータは：%s\n", str);
    } else {
        puts("読み込みに失敗しました。");
    }
    fclose(fpi);

    return 0;
}
```

解説

ファイルへのアクセスの方法はいろいろありますが、fopen() を使ってファイルを開く方法が最も一般的です。

1行のテキストを出力するには fputs() を使うことができます。1行のテキストをファイルから読み出すには、fgets() を使う方法が容易です。

ファイルを使い終わったら fclose() で閉じます。

このプログラムの実行結果を次に示します。

```
Hello C/C++ worldを書き込みました。
読み込んだデータは：Hello C/C++ world
```

補足

open() を使うと、ファイルだけでなくデバイスも開くことができます。

問題 I.4.18 ファイルの調査

問題

指定したファイルが存在するかどうかと、書き込み／読み取りの属性を調べて出力するプログラムを作成してください。

解答例

```c
/*
 * c_4_18.c
 */
#include <stdio.h>
#include <io.h>

#ifndef F_OK
#define F_OK 0   // 存在するか
#endif
#ifndef W_OK
#define W_OK 2   // 書き込み専用
#endif
#ifndef R_OK
#define R_OK 4   // 読み取り専用
#endif
#ifndef X_OK
#define X_OK 6   // 読み取りと書き込み
#endif

int main(int argc, char *argv[])
{
    char buff[BUFSIZ];
    printf("ファイル名>");
    scanf("%s", buff);

    /* 存在チェック */
    if((access(buff, F_OK)) == 0)
    {
```

```
            printf("ファイル%s は存在します。\n", buff);
            /* 書き込みアクセス権のチェック */
            if((access(buff, W_OK)) == 0)
                printf("書き込み可能です。\n");
            /* 読み出しアクセス権のチェック */
            if((access(buff, R_OK)) == 0)
                printf("読み出し可能です。\n");
            /* 実行アクセス権のチェック */
            if((access(buff, X_OK)) == 0)
                printf("実行可能です。\n");
        }
        else
            printf("ファイル%s は存在しません。\n", buff);
    }
```

解説

ファイルの存在や書き込み/読み取り属性は access() で調べることができます。
access() の書式は次の通りです。

```
int access( const char *path, int mode );
```

ここで、引数 path にはアクセス権を調べるファイル名を指定します。
引数 mode には調べるファイルのモードを示す次の表に示す値のいずれかを指定します。

表 I.4.3　mode の値

値	意味
00	存在するかどうかだけチェックするように要求する。
02	書き込み専用であるかチェックするように要求する。
04	読み取り専用であるかチェックするように要求する。
06	読み書き可能であるかチェックするように要求する。

この関数の戻り値は、要求が満たされる場合は 0、そうでなければ −1 です。
次のディレクティブは、F_OK が定義されていなければ F_OK として 0 を定義します。

```
#ifndef F_OK
#define F_OK 0   // 存在するか
#endif
```

このプログラムを実行する例を次に示します。

```
ファイル名>test.data
ファイルtest.data は存在します。
書き込み可能です。
読み出し可能です。
実行可能です。
```

```
ファイル名>sample.txt
ファイルsample.txt は存在しません。
```

補足

Windows 環境では _access() を使うことが推奨されています。

問題 I.4.19 現在の日付時刻

問題

現在の時刻（日付と時間）を、現地時間と万国標準時（UTC、世界協定時刻）で表示するプログラムを作成してください。

解答例

```c
/*
 * c_4_19.c
 */
#include <stdio.h>
#include <stdlib.h>
#include <time.h>

struct tm *UTCtime;
time_t utime;

int main(int argc, char *argv[])
{
    /* 時刻の環境変数を設定する */
    tzset();

    /* 現在の日時を取得する */
    time(&utime);

    /* 文字列に変換して表示する */
    printf("現在の日時: %s", ctime(&utime));

    /* 現在の日時（万国標準時、UTC）を秒単位で取得する */
    time(&utime);

    /* 時刻をtm構造体形式の万国標準時に変換する */
    UTCtime = gmtime(&utime);
    printf("万国標準時: %s", asctime(UTCtime));

    return 0;
}
```

解説

　tzset()は環境変数TZの現在の設定を使って、時刻の変換情報に関連する変数の値を初期化します。Windowsでは_tzset()を使うことが推奨されています。

I C言語編

time() は現在の日時を取得します。

ctime() は時刻のバイナリデータを ASCII 文字列に変換します。書式は次の通りです。

```
char *ctime(const time_t *timep);
```

ここで、引数 timep は文字列に変換したい時刻の情報が入っている time_t 構造体のポインタです。

戻り値は時刻を表す文字列のポインタで、time_t 型のカレンダー時刻を次に示す形式の文字列に変換して返します。

```
"Wek Mon dd hh:mm:ss yyyyy¥n"
```

Wek は曜日の略称で、Sun、Mon、Tue、Wed、Thu、Fri、Sat のいずれかです。

Mon は月の略称で、Jan、Feb、Mar、Apr、May、Jun、Jul、Aug、Sep、Oct、Nov、Dec のいずれかです。

dd は日付、hh は時間、mm は分、ss は秒、yyyyy は年を表します。

gmtime() は、time_t 構造体に入っているカレンダー時刻を、tm 構造体形式の万国標準時（UTC、世界協定時刻）に変換します。書式は次の通りです。

```
struct tm *gmtime(const time_t *timep);
```

ここで、引数 timep は時刻データが入っている time_t 構造体のポインタです。

時刻を ASCII 文字列に変換するときには、asctime() を使います。この関数の書式は次の通りです。

```
char *asctime(const struct tm *ptime);
```

ここで、引数 ptime は tm 構造体のポインタです。

tm 構造体は、時刻の情報を時分秒年月日などに分割して保存する構造体で、<time.h> で

以下のように定義されています。

```
struct tm
{
    int tm_sec;   /* 秒。0〜59の値。 */
    int tm_min;   /* 分。0〜59までの値。 */
    int tm_hour;  /* 時間。真夜中からの通算時間、0〜23までの値。 */
    int tm_mday;  /* 日。月はじめからの日数、1から31までの値。 */
    int tm_mon;   /* 月。1月からの通算月数、0〜11までの値。 */
    int tm_year;  /* 年。1900 年からの通算年数。 */
    int tm_wday;  /* 曜日。日曜日からの通算日数(曜日)。0〜6までの値。 */
    int tm_yday;  /* 1月1日からの通算日数。0〜365までの値。 */
    int tm_isdst; /* 夏時間のフラグ。正の値ならば夏時間は有効、0なら無効、
                   * 負の値ならこの情報には意味がない。 */
};
```

tm 構造体の tm_sec は、通常は 0 〜 59 の値ですが、閏秒のために 61 までの値が入れられることがあります。

戻り値は時刻を示す ASCII 文字列で、返される値の形式は次の通りです。

```
Wek Mon dd hh:mm:ss yyyy\n\0
```

上の書式で、Wek は週、Mon は月、dd は日付、hh は時、mm は分、ss は秒、yyyy は年です。このプログラムを実行する例を次に示します。

```
現在の日時: Fri Nov 18 18:59:23 2016
万国標準時: Fri Nov 18 09:59:23 2016
```

問題 I.4.20 ソートと検索

問題

20個のランダムな整数を作って配列に保存し、それをソートしたあとで、特定の値を探すプログラムを作成してください。

解答例

```c
/*
 * c_4_20.c
 */
#include <stdlib.h>
#include <stdio.h>
#include <time.h>

#define MAXARRAY 20

int numarray[MAXARRAY];

int compare(const void *arg1, const void *arg2)
{
    return (*(int *)arg1 - *(int *)arg2);
}

int main(int argc, char *argv[])
{
    int i, v;

    /* 乱数ジェネレータを初期化する */
    srand((unsigned)time(NULL));

    printf("配列の内容\n");
    for (i=0; i<MAXARRAY; i++)
    {
        numarray[i] = (rand() * 50) / RAND_MAX;
        printf("%d\t", numarray[i]);
```

```
         if (((i + 1) % 5) == 0)
            printf("\n");
      }

      /* 並べ替える */
      qsort((void *)numarray, (size_t)MAXARRAY, sizeof(int), compare);

      printf("ソートした配列の内容\n");
      for (i=0; i<MAXARRAY; i++)
      {
         printf("%d\t", numarray[i]);
         if (((i + 1) % 5) == 0)
            printf("\n");
      }

      printf("検索する数>");
      scanf("%d", &v);
      if (bsearch(&v, numarray, MAXARRAY, sizeof(int), compare) != NULL)
         printf("%d は配列にあります。\n", v);
      else
         printf("%d は配列にありません。\n", v);

      return 0;
}
```

解説

配列の要素を並べ替えるには qsort() を使います。qsort() の書式は次の通りです。

```
void qsort(void *base, size_t n, size_t size,
    int (*compare)(const void *, const void *))
```

ここで、引数 base はソートする配列の先頭、引数 n は配列の要素数、引数 size は配列要素のサイズ（バイト数）、引数 compare は比較関数です。比較関数は、第 1 の引数が第 2 の引数に対して、小さいときは 0 未満、等しいときは 0、大きいときは 0 より大きい整数を返さなければなりません。

bsearch()を使うと、ソートされた配列でバイナリサーチ（二分木検索）を行うことができます。配列の内容は比較関数で昇順にソートされていなければなりません。

bsearch()の書式は次の通りです。

```
void *bsearch(const void *key, const void *base, size_t nmemb,
    size_t size, int (*compar)(const void *, const void *));
```

ここで、引数 key は検索するキー、引数 base は検索対象の配列の最初の要素を指すポインタ、引数 nmemb は検索対象の配列要素の数、引数 size は配列の1要素のサイズ（バイト単位）、引数 compar は比較関数名です。

戻り値は、検索に成功したときは配列の要素のうち一致した要素のポインタで、見つからなかったときは NULL が返されます。

このプログラムを実行する例を次に示します。

```
配列の内容
45      5       23      8       10
36      25      13      3       30
13      28      31      31      26
23      18      10      7       17
ソートした配列の内容
3       5       7       8       10
10      13      13      17      18
23      23      25      26      28
30      31      31      36      45
検索する数>25
25 は配列にあります．
```

```
配列の内容
44      35      40      43      46
22      4       17      7       44
17      12      9       23      34
29      11      25      47      46
ソートした配列の内容
4       7       9       11      12
```

```
17      17      22      23      25
29      34      35      40      43
44      44      46      46      47
検索する数>45
45 は配列にありません．
```

問題 I.4.21 動的メモリとメモリ上の検索

問題

文字配列を一切使わないで、ユーザーが入力した文字列の中から、特定の文字を探すプログラムを作成してください。

解答例

```
/*
 * c_4_21.c
 */
#include <stdio.h>
#include <memory.h>
#include <string.h>
#include <malloc.h>

int main(int argc, char *argv[])
{
    char *pbuf;
    char c;

    /* 0で初期化したメモリを確保する */
    pbuf = (char *)calloc(128, sizeof(char));
    if (pbuf == NULL)
    {
        printf("メモリを確保できませんでした.\n");
        return 1;
```

```
        }

        printf("文字列>");
        fgets(pbuf, 128, stdin);
        printf("文字列>%s\n", pbuf);

        printf("探す文字>");
        scanf("%c", &c);

        if (memchr(pbuf, c, strlen(pbuf)) != NULL)
            printf("文字%cは存在します.\n", c);
        else
            printf("文字%cは存在しません.\n", c);

        /* メモリを解放する */
        free(pbuf);

        return 0;
    }
```

解説

　動的メモリは、calloc()またはmalloc()で確保します。calloc()は、確保した領域をすべて0で初期化するという点でmalloc()と異なります。
　memchr()はメモリの中で特定の文字を探します。書式は次の通りです。

```
void *memchr(const void *pbuf, int c, size_t n);
```

　ここで、引数pbufは文字を探すメモリバッファのポインタ、引数cは探す文字、引数nは探す文字数です。つまり、この関数はメモリ領域pbufの最初のnバイトの部分に文字cがあるかどうか調べます。
　戻り値は、探している文字cがあればその文字のポインタ、文字がない場合はNULLです。
　このプログラムを実行する例を次に示します。

文字列>**int main(int argc, char *argv[])**
文字列>int main(int argc, char *argv[])

探す文字>**man**
文字mは存在します．

文字列>**int main(int argc, char *argv[])**
文字列>int main(int argc, char *argv[])

探す文字>**x**
文字xは存在しません．

II

C++編

四択問題

ここでは、四つの選択肢から正しい番号を選んでください。

問題 II.1.1　文字列の出力

問題

次の「こんにちは」と出力して改行するプログラムのうち間違っているものを（A）～（D）の中から選んでください。

（A）

```
/*
 * cpp_1_1a.cpp
 */
#include <iostream>

int main()
{
    std::cout << "こんにちは" << endl ;

    return 0;
}
```

（B）

```
/*
 * cpp_1_1b.cpp
 */
#include <iostream>

int main()
{
    std::cout << "こんにちは" << std::endl ;
```

```
    return 0;
}
```

(C)

```
/*
 * cpp_1_1c.cpp
 */
#include <iostream>

using namespace std;

int main()
{
    std::cout << "こんにちは" << endl ;

    return 0;
}
```

(D)

```
/*
 * cpp_1_1d.cpp
 */
#include <iostream>

using namespace std;

int main()
{
    cout << "こんにちは" << endl ;

    return 0;
}
```

正解

（A）

解説

C++ の iostream で定義されている cout や endl は、std という名前空間に定義されています。そのため、完全な名前は「std::cout」や「std::endl」です。「using namespace std;」を記述して名前空間 std を使うことを宣言しておけば、名前空間を指定しないで「cout」や「endl」という名前をそのまま使うことができます。

補足

「using namespace std;」を使うか、「std::cout」の形式を使うかは、状況により判断します。間違いや混乱の起きる可能性があるときには「std::cout」の形式を使うほうがよいでしょう。

問題 II.1.2　数値の入力と出力

問題

整数と実数を入力するとその平均値を出力するプログラムとして適切なものを（A）〜（D）の中から選んでください。

（A）

```
/*
 * cpp_1_2a.cpp
 */
#include <iostream>

using namespace std;

int main()
{
```

```
        cout << "整数と実数=>" ;

        int n;
        double v;

        cin << n << v;

        cout << "平均値は=" << (n+v)/2.0 << endl ;

        return 0;
    }
```

(B)

```
    /*
     * cpp_1_2b.cpp
     */
    #include <iostream>

    int main()
    {
        std::cout << "整数と実数=>" ;

        int n;
        double v;

        cin >> n >> v;

        cout << "平均値は=" << (n+v)/2.0 << endl ;

        return 0;
    }
```

(C)

```
    /*
     * cpp_1_2c.cpp
     */
    #include <iostream>
```

```
int main()
{
    cout << "整数と実数=>" ;

    int n;
    double v;

    cin >> n >> v;

    cout << "平均値は=" << (n+v)/2.0 << endl ;

    return 0;
}
```

(D)

```
/*
 * cpp_1_2d.cpp
 */
#include <iostream>

using namespace std;

int main()
{
    cout << "整数と実数=>" ;

    int n;
    double v;

    cin >> n >> v;

    cout << "平均値は=" << (n+v)/2.0 << endl ;

    return 0;
}
```

正解

(D)

解説

C++で標準入力から入力するときには、一般に演算子 >> を使い cin から入力します。このときの cin は名前空間 std に定義されています。

このプログラムを実行する例を次に示します。

```
整数と実数=>10 20.5
平均値は=15.25
```

問題 II.1.3　16進数の出力

問題

値を 16 進数で出力するための文として正しいものを（A）〜（D）の中から選んでください。

(A)

```
std::cout << printf("%x") << v;
```

(B)

```
std::cout << std::setbase(16) << v;
```

(C)

```
std::cout << std::hex(16) << v;
```

(D)

```
std::cout << set(16) << v;
```

正解

(B)

解説

std::setbase(n) を通して n 進数として出力できます。n に指定できる数は 8 か 16 です。また、引数なしの std::hex を指定しても 16 進数で出力することができます。

```
// 数値を16進数で出力する
std::cout << std::hex << v;
```

補足

実行可能なプログラムは、たとえば次のようになります。

```
/*
 *   cpp_1_3.cpp
 */
#include <iostream>
#include <iomanip>

int main(int argc, char *argv[])
{
    int v = 30;

    // 数値を16進数で出力する
    std::cout << std::setbase(16) << v << std::endl;

    return 0;
}
```

このプログラムの実行結果を次に示します。

```
1e
```

問題 II.1.4 文字列の長さ

問題

英数文字列を入力すると、その文字列の長さが出力されるプログラムを作ることとします。たとえば、次のように操作します。

```
文字列=>Hello.
文字列の長さ=6
```

このような機能を持ったプログラムとして間違っているものを（A）〜（D）の中から選んでください。

（A）

```cpp
/*
 * cpp_1_4a.cpp
 */
#include <iostream>
#include <string>

using namespace std;

int main(int argc, char * argv[])
{
    cout << "文字列=>";

    cin >> s;

    cout << "文字列の長さ=" << s.length() << endl ;
```

```
    return 0;
}
```

(B)

```
/*
 * cpp_1_4b.cpp
 */
#include <iostream>
#include <string>

using namespace std;

int main(int argc, char * argv[])
{
    cout << "文字列=>";

    string s;
    cin >> s;

    cout << "文字列の長さ=" << s.length() << endl ;

    return 0;
}
```

(C)

```
/*
 * cpp_1_4c.cpp
 */
#include <iostream>
#include <string>

using namespace std;

int main(int argc, char * argv[])
{
    string s;
```

```
    cout << "文字列=>";

    cin >> s;

    cout << "文字列の長さ=" << s.size() << endl ;

    return 0;
}
```

(D)

```
/*
 * cpp_1_4d.cpp
 */
#include <iostream>
#include <string>

using namespace std;

int main(int argc, char * argv[])
{
    string s;

    cout << "文字列=>";

    cin >> s;

    int len = s.length();

    cout << "文字列の長さ=" << len << endl ;

    return 0;
}
```

正解

(A)

解説

文字列の長さは string クラスの length() で、文字列のサイズは string クラスの size() で、文字列の最大の長さは string クラスの max_size() で取得することができます。

問題 II.1.5　単純なクラス

問題

メンバーとして名前(_name)と得点(_point)を持つクラス Score として正しいものを(A)〜(D)の中から選んでください。

(A)

```
class Score {
private:
    string _name;
    int _point;
public:
    Score(char *name, int point) {
        _name = string(name);
        _point = point;
    }
    string get_name() { return _name; }
    int get_point() { return _point; }
}
```

(B)

```
class Score {
public:
    string _name;
    int _point;
    Score() {;}
```

```
        Score(char *name, int point) {
            _name = string(name);
            _point = point;
        }
        string get_name() { return _name; }
        int get_point() { return _point; }
    };
```

(C)

```
    class Score {
    private:
        string _name;
        int _point;
    public:
        Score() {;}
        Score(char *name, int point) {
            _name = name;
            _point = point;
        }
        string get_name() { return _name; }
        int get_point() { return _point; }
    };
```

(D)

```
    class Score {
    private:
        string _name;
        int _point;
    public:
        Score() {;}
        Score(char *name, int point) {
            _name = string(name);
            _point = point;
        }
        string get_name() { return _name; }
        int get_point() { return _point; }
    };
```

正解

(D)

解説

クラスの定義はキーワードとクラス名から始めて { } の中に記述し、最後に ;(セミコロン)を付けます。

```
class ClassName {

    // クラスの定義;

};
```

一般論として、クラスのメンバー変数は private にして、public メソッドでアクセスするようにすることが望まれます。

文字列を、文字列に = 演算子で代入することは可能です。

```
string name
string _name;

_name = name;
```

しかし、文字配列や文字列のポインタを、文字列に = 演算子で代入することはできません。

```
char *name
string _name;

_name = name;    // エラー！
```

配列型の文字列を、string 文字列に = 演算子で代入したいときには、次のように string オブジェクトを作成します。

```
char *name
string _name;

_name = string(name);
```

問題 II.1.6 テキスト行の読み込み

問題

テキストファイル Sample.txt のテキスト行を読み込んで出力する C++ のプログラムとして正しいものを（A）～（D）の中から選んでください。

（A）

```
/*
 * cpp_1_6a.cpp
 */
#include <iostream>
#include <fstream>
#include <string>

using namespace std;

int main(int argc, char * argv[])
{
    ifstream ifs("Sample.txt");
    if(ifs.fail())
    {
        cout << "読み込みに失敗しました" << endl;
        return 1;
    }

    string str;
    while( getline(ifs, str) )
```

```
        cout << str << endl;

    return 0;
}
```

(B)

```
/*
 * cpp_1_6b.cpp
 */
#include <iostream>
#include <string>

using namespace std;

int main(int argc, char * argv[])
{
    ifstream ifs("Sample.txt");
    if(ifs.fail())
    {
        cout << "読み込みに失敗しました" << endl;
        return 1;
    }

    string str;
    while( getline(ifs, str) )
        cout << str << endl;

    return 0;
}
```

(C)

```
/*
 * cpp_1_6c.cpp
 */
#include <iostream>
#include <fstream>
#include <string>
```

```
    using namespace std;

    int main(int argc, char * argv[])
    {
        ifstream ifs = new stream ("Sample.txt");
        if(ifs.fail())
        {
            cout << "読み込みに失敗しました" << endl;
            return 1;
        }

        string str;
        while( getline(ifs, str) )
            cout << str << endl;

        return 0;
    }
```

(D)

```
/*
 * cpp_1_6d.cpp
 */
#include <iostream>
#include <fstream>
#include <string>

using namespace std;

int main(int argc, char * argv[])
{
    ifstream ifs("Sample.txt");
    if(ifs.fail())
    {
        cout << "読み込みに失敗しました" << endl;
        return 1;
    }

    string str;
```

```
    while( !ifs.eof() ) {
        ifs >> str;
        cout << str << endl;
    }

    return 0;
}
```

正解

(A)

解説

ファイルオブジェクトは次のようにして作成することができます。

```
ifstream ifs("Sample.txt");
```

1行のテキストを読み込むときには ifstream.getline() を使います。

```
getline(ifs, str);
```

演算子 >> を使って読み込むこともできそうです。

```
ifs >> str;
```

しかし、この方法では空白や改行文字などはデータのセパレーター（区切り文字）とみなされてしまいます。

問題 II.1.7 複素数

問題

複素数のクラスを使った次の (A) ～ (D) のコードの中から、間違っているものを選んでください。ただし、m は double の複素数型の値の変数であるものとします。

(A)

```
complex<double> m(1.0, 1.2);
```

(B)

```
cout << "m=" << m.toStr() << endl;
```

(C)

```
m += complex<double> (1.0, 0.5);
```

(D)

```
cout << "mの実部:" << m.real() << " mの虚部:" << m.imag() << endl;
```

正解

(B)

解説

(A) は、実部が 1.0 で虚部が 1.2 の complex のインスタンスを作成します。

(B) は、複素数型の変数 m に toStr() を作用させて文字列に変換して出力しようとしていますが、complex.toStr() は存在しないので間違いです。単に「cout << "m=" << m << endl;」とするだけで複素数の値を出力できます。

(C) は、m の実部に 1.0 を、虚部に 0.5 を加えたのと同じ結果になります。

（D）は、complex のメンバー real() で実部を、imag() で虚部を取り出して出力します。

補足

complex クラスを使うときには、「#include <complex>」が必要です。

実行可能なプログラムの例を次に示します。

```cpp
/*
 *   cpp_1_7.cpp
 */
#include <iostream>
#include <complex>

using namespace std;

int main(int argc, char* argv[])
{
    complex< double > m(1.0, 1.2);
    cout << m.real() << ":" << m.imag() << endl;

    m += complex<double> (1.0, 0.5);
    cout << m.real() << ":" << m.imag() << endl;

    m *= 2.0;
    cout << m.real() << ":" << m.imag() << endl;

    return 0;
}
```

このプログラムの実行結果を次に示します。

```
1:1.2
2:1.7
4:3.4
```

問題 II.1.8 deque（コンテナ）

次のプログラムは、deque に値を保存したり、deque の値を出力するプログラムです。

```
/*
 *   cpp_1_8.cpp
 */
#include <iostream>
#include <deque>

using namespace std;

int main(int argc, char* argv[])
{
    　（ア）　              // 整数のdequeを宣言する

    dq.push_front(1);    // 先頭にデータを保存する
    dq.push_front(2);

    dq.push_back(3);     // 最後にデータを保存する
    dq.push_back(4);

    cout << "サイズ="<< dq.size() << endl;

    // dequeの内容を出力する
    for (auto iter = dq.begin(); iter!= dq.end(); iter++)
        cout << *iter << " ";
    cout << endl;

    dq.pop_front();      // 先頭から要素を取り除く

    cout << "サイズ="<< dq.size() << endl;

    // dequeの内容を出力する
    for (auto iter = dq.begin(); iter!= dq.end(); iter++)
        cout << *iter << " ";
    cout << endl;
```

```
    return 0;
}
```

このプログラムの（ア）に記述するコードとしてふさわしいものを（A）～（D）のコードの中から選んでください。

（A）
```
int dq[10];
```

（B）
```
deque dq;
```

（C）
```
deque [int] dq;
```

（D）
```
deque<int> dq;
```

正解

（D）

解説

dequeはシーケンスコンテナの一種で、両頭の待ち行列のコンテナです。

deque.push_front()は、dequeの先頭にデータを保存し、deque.push_back()は最後にデータを保存します。deque.size()は現在のdequeのサイズを返し、deque.pop_front()はdequeの先頭から要素を取り除きます。

このプログラムの実行結果を次に示します。

```
サイズ=4
2 1 3 4
サイズ=3
1 3 4
```

穴埋め問題

ここでは、問題の穴になっている個所を埋める問題を出題します。

問題 II.2.1　文字列

問題

次のプログラムは、文字列をつなげる（連結する）プログラムです。このプログラムの（ア）～（ウ）に適切な文字列や式を入れてください。

```
/*
 * cpp_2_1.cpp
 */
#include <iostream>
#include （ア）

using namespace std;

int main(int argc, char * argv[])
{
    if (argc<2) {
        cout << "引数を2個指定してください。" << endl;
        return 1;
    }

    string s1 = string(argv[1]);
    string s2 = string(argv[2]);

    s1 （イ） s2;    // s1にs2をつなげる

    cout << s1 << "の長さは=" << （ウ） length() << endl;

    return 0;
}
```

II C++編

> **正解**

（ア） `<string>`
（イ） `+=`
（ウ） `s1.`

> **解説**

`string` クラスに保存した文字列は演算子 `+` でつなげることができます（C 言語ならば `strcat()` を使うでしょう）。連結して代入するときには `+=` を使うことができます。

このプログラムを実行する例を次に示します。

```
C:¥code>cpp_2_1 ab cd
abcdの長さは=4
```

```
C:¥code>cpp_2_1 山本 太郎
山本太郎の長さは=8
```

問題 II.2.2　標準エラー出力

> **問題**

次のプログラムは、入力された文字列の長さが 64 文字以上であると、「長すぎます」というエラーメッセージを出力するプログラムです。

```
/*
 * cpp_2_2.cpp
 */
#include <iostream>
#include <string>
```

```
using namespace std;

int main(int argc, char* argv[])
{
    string s;
    (ア)  << "文字列>";
    cin >> s;

    if (s.length() > 64)
        (イ)  << "文字列の長さが長すぎ。" << endl;
    else
        (ウ)  << s << "の長さ=" << s.length() << endl;

    return 0;
}
```

このプログラムの（ア）～（ウ）に適切な語を入れてください。

正解

（ア）cout
（イ）cerr
（ウ）cout

解説

標準出力のストリームは cout で、標準エラー出力のストリームは cerr です。
このプログラムを実行する例を次に示します。

```
文字列>1234567890
1234567890の長さ=10
```

```
文字列>12345678901234567890123456789012345678901234567890123456789012345
文字列の長さが長すぎ。
```

II C++編

> **補足**

C++ のストリームと C 言語のストリームは次のように対応しています。

表 II.2.1　C++ のストリームと C 言語のストリーム

C++	C 言語	備考
cin	stdin	標準入力
cout	stdout	標準出力
cerr	stderr	標準エラー出力

問題 II.2.3　演算子

> **問題**

次のプログラムは、Address という名前のクラスを定義して使用するプログラムです。このプログラムの（ア）〜（ウ）に適切な演算子を入れてください。

```
/*
 * cpp_2_3.cpp
 */
#include <iostream>
#include <string>

using namespace std;

class Address {
public:
    string name;
    string e_mail;
    Address(string nam, string mail) {
        name = nam;
        e_mail = mail;
    }
};
```

```
int main()
{
    Address (ア) paddrs = new Address("Pochi", "pochi@cutt.ca.jp");
    Address addrs("Kenta", "kenta@cutt.ca.jp");

    cout << paddrs (イ) name << ";" << paddrs (イ) e_mail << endl;
    cout << addrs (ウ) name << ";" << addrs (ウ) e_mail << endl;

    return 0;
}
```

正解

（ア） *

（イ） ->

（ウ） .

解説

　クラスのオブジェクトを作る方法は、new を使う方法と、クラスのコンストラクタを直接呼び出す方法があります。new を使う場合は、作成したインスタンスのポインタをポインタ変数に保存します。

```
ClassName *pobj = new ClassName(...);
ClassName obj(...);
```

クラスのメンバーにアクセスするときには、次のようにします。
インスタンスを指すポインタを使うときには -> を使います。

```
pobj->member;
```

クラスのオブジェクト変数を使うときには . を使います。

```
obj.member;
```

このプログラムの実行結果を次に示します。

```
Pochi;pochi@cutt.ca.jp
Kenta;kenta@cutt.ca.jp
```

問題 II.2.4 クラス

問題

次のプログラムは、Address というクラスを定義してインスタンスをひとつ作成し、その内容を出力するするプログラムです。このプログラムの（ア）～（ウ）に適切なキーワードや名前を入れてください。

```cpp
/*
 * cpp_2_4.cpp
 */
#include <iostream>
#include <string>

using namespace std;

class Address {
    string _name;
    string _e_mail;
 (ア)
    Address(string name, string mail) {
        _name = name;
        _e_mail = mail;
    }
```

```
    string get_name() { return _name; }
    string get_mail() { return _e_mail; }
};

int main()
{
    Address *paddrs = new Address("Pochi", "pochi@cutt.ca.jp");

    // 名前とEメールアドレスを出力する
    cout << paddrs-> (イ) << ":" << paddrs-> (ウ) << endl;

    return 0;
}
```

正解

（ア）`public:`

（イ）`get_name()`

（ウ）`get_mail()`

解説

クラスのメンバーにクラスの外からアクセスできるようにするためには、アクセス修飾子 `public:` を付ける必要があります。

クラスのメンバーを保護するという観点から、クラスのメンバーそのものは公開しないで、`get_` や `set_` という名前のアクセスメソッドを作って使うことが推奨されます。

このプログラムの実行結果を次に示します。

```
Pochi:pochi@cutt.ca.jp
```

問題 II.2.5　コンストラクタ

問題

次のプログラムは、矩形（長方形）のクラスである Rectangle クラスを定義して使用するプログラムです。実行すると次のように出力されるものとします。

```
幅=50 高さ=50
面積=2500
幅=30 高さ=40
面積=1200
```

このプログラムでは、Rectangle クラスに 3 種類のコンストラクタを定義します。最初のコンストラクタは引数のないデフォルトコンストラクタで、幅と高さを 0.0 に設定します。第2のコンストラクタはひとつの引数を指定すると幅と高さが同じ長方形を生成します。引数がふたつのコンストラクタは幅と高さを指定できるものとします。

このプログラムの（ア）〜（ウ）に適切なものを入れてください。

```cpp
/*
 * cpp_2_5.cpp
 */
#include <iostream>
#include <string>

using namespace std;

class Rectangle {
    float width, height; // 幅と高さ
public:
    // デフォルトコンストラクタ
    Rectangle () {  (ア) = 0.0; }
    // 正方形のコンストラクタ
    Rectangle (float w)
    {
        (イ)
        height = w;
```

```
        }
        // 長方形のコンストラクタ
        Rectangle (float w, float h)
        {
            width = w;
             (ウ)
        }
        // 矩形の情報を出力する
        void print() {
            cout << "幅=" << width << " 高さ=" << height << endl;
        }
        // 面積を返す
        double get_area() { return width * height; }
    };

    int main()
    {
        Rectangle r1(50.0);        // 正方形を作る
        Rectangle r2(30.0, 40);   // 長方形を作る

        r1.print();
        cout << "面積=" << r1.get_area() << endl;

        r2.print();
        cout << "面積=" << r2.get_area() << endl;

        return 0;
    }
```

正解

(ア) width = height
(イ) width = w;
(ウ) height = h;

解説

　C++ では、クラスのコンストラクタを複数定義することができます。複数定義するコンストラクタは、引数が異なっていなければなりません。

問題 II.2.6　イテレータ

問題

次のプログラムは、入力された文字列の文字を1文字ずつ出力することで縦書きにするプログラムです。たとえば、「Hello!」と入力すると、次のように表示されます。

```
=>Hello!
H
e
l
l
o
!
```

このプログラムの（ア）〜（ウ）に選択肢から選んで適切なものを入れてください。

```cpp
/*
 * cpp_2_6.cpp
 */
#include <iostream>
#include <string>

using namespace std;

int main()
{
    cout << "=>";
    string s;
    cin >> s;

    auto itr = s.(ア)         // テキストを指すイテレータ
    while( itr != s.(イ) ) {  // 文字列の終わりまで繰り返す
        cout << *itr << endl;
        (ウ)                   // イテレータをインクリメントする
    }
}
```

```
        return 0;
}
```

●選択肢
　itr++;、begin();、end()

正解

（ア）begin();
（イ）end()
（ウ）itr++;

解説

イテレータは、一連の要素からなるオブジェクトの要素の場所を指示します。

```
string s = "abc";
auto itr = s.begin();    // itrはaの場所を指し、*itrはaを表す
```

イテレータのクラスのbegin()は最初の要素を、end()は最後の要素の終わり（最後の要素の次の要素の先頭）を表します。
　イテレータをインクリメントすることで、現在指している要素から次の要素の位置へ移動することができます。
　キーワードautoは、データ型をコンパイラが推測できる場合に、具体的な型の代わりに使うことができます。autoを使わない場合は、次に示すように具体的な型を指定します。

```
string::iterator itr = s.begin();
```

問題 II.2.7 list（コンテナ）

問題

ここで扱うプログラムは、「.end」と入力されるまで名前を保存して、並べ替えて出力するプログラムです。たとえば、次ように実行します。

```
名前は？ >Tommy
名前は？ >Jimmy
名前は？ >Kenta
名前は？ >.end
Jimmy
Kenta
Tommy
```

下記のプログラムの（ア）〜（ウ）に選択肢から選んで適切なものを入れてください。

```cpp
/*
 * cpp_2_7.cpp
 */
#include <iostream>
#include <string>
#include <list>
#include <algorithm>

using namespace std;

int main()
{
    list<string> namelist;
    string name;

    // .endが入力されるまで、繰り返し名前を入力する
    while(1)
    {
        cout << "名前は？ >";
        cin >> name;
```

```
        if (name.compare(".end") == 0)
            break;
        namelist.push_back(name);
    }

    namelist. (ア)    /* 並べ替える */

    for_each(namelist. (イ) , namelist. (ウ) ,
                        [](string &s){
                            cout << s << endl;
                        });

    return 0;
}
```

●選択肢

  begin()、end()、sort();

正解

（ア） sort();
（イ） begin()
（ウ） end()

解説

list はシーケンスコンテナの一種で、一連の値を保存するリストのコンテナです。これは双方向のコンテナで、両方向性反復子をサポートし、先頭にも要素を挿入できます。

list.sort() でソートする（並べ替える）ことができます。このとき、並べ替え順序を判断する式を指定しない場合、文字コード順に並べ替えられます。

namelist.begin() は最初の要素を指します。namelist.end() は最後の要素の直後を指します。

補足

STL（Standard Template Library）の主なコンテナを表に示します。また、STL コンテナ

の主なメンバー関数を表に示します。

表 II.2.2　STL のコンテナ

種類	名前	概要
シーケンスコンテナ	deque	両頭の待ち行列（両端キュー）。
	list	一連の値を保存するリスト。双方向のコンテナで、先頭にも要素を挿入可能。
	vector	一連の値を保存する一種の配列。任意の要素にアクセスできる。
連想コンテナ	map	キーと値のペアを保存するコンテナ。要素はソートされ、キーは重複できない。
	multimap	キーと値のペアを保存するコンテナ。要素はソートされ、キーは重複できる。
	set	値をキーとするコンテナ。キーとして使われる値は重複できない。
	multiset	値をキーとするコンテナ。キーとして使われる値は重複できる。
アダプタ	stack	先入れあと出しのスタック。
	queue	先入れ先出し（FIFO）の待ち行列（キュー）。
	priority_queue	優先順位付きのキュー。

表 II.2.3　STL コンテナの主なメンバー関数

メンバー関数	機能	実装しているコンテナクラス
empty()	コンテナが空なら true を返す。	すべてのクラス
size()	コンテナに保存されている要素数を返す。	
max_size()	コンテナに保存できる要素数の上限を返す。	
swap()	同じ型の他のコンテナと内容を交換する。	
begin()	先頭の要素を指す反復子を返す。	vector、list、deque、set、multiset、map、multimap
end()	最後の要素の次を指す反復子を返す。	
rbegin()	末尾の要素を指す逆反復子を返す。	
rend()	先頭の要素の前を指す逆反復子を返す。	
insert()	コンテナに要素を挿入する。	
erase()	指定した反復子が指す要素をコンテナから削除する。	
clear()	コンテナからすべての要素を削除する。erase(begin(), end()) と同じ。	

メンバー関数	機能	実装しているコンテナクラス
front()	先頭要素の参照を返す。	vector、list、deque
back()	末尾の要素の参照を返す。	
push_back()	コンテナの末尾に要素を追加する。	
pop_back()	コンテナから末尾の要素を削除する。	
push_front()	コンテナの先頭に要素を追加する。	list、deque
pop_front()	コンテナから先頭の要素を削除する。	
key_comp()	比較用関数オブジェクトを返す。	set、multiset、map、multimap
value_comp()	比較用関数オブジェクトを返す。	
find()	キーに基づいて要素を探索する。	
lower_bound()	挿入できる最初の位置を探す。	
upper_bound()	挿入できる最後の位置を探す。	
count()	キーと一致する要素の数を返す。	
push()	要素を追加する。	stack、queue、priority_queue
pop()	要素を取り出してコンテナから削除する。	

問題 II.2.8　new と delete

問題

次のプログラムは、ユーザーが入力した名前を出力するプログラムです。

このプログラムの（ア）～（ウ）に適切なものを入れてください。

```cpp
/*
 * cpp_2_8.cpp
 */
#include <iostream>
#include <string>

using namespace std;

#define BUFF_LEN 1024
```

II C++編

```
int main(int argc, char* argv[])
{
    char *buff;
    buff = (ア) char[BUFF_LEN]; // charの領域を動的確保
    if ( (イ) ){
        cout << "メモリを確保できません。" << endl;
        exit (-1);
    }

    cout << "名前は? >";
    cin.getline(buff, BUFF_LEN);

    cout << "名前は" << buff << "です。" << endl;

    // 確保した領域を解放する
    (ウ) buff;

    return 0;
}
```

正解

（ア） new
（イ） !buff
（ウ） delete[]

解説

C++でメモリを動的に確保するときには new を使います。このとき確保できないと null が返されます。

使い終わったメモリは delete で解放します。

このプログラムを実行する例を次に示します。

```
名前は？ >佐藤
名前は佐藤です。
```

書き替え問題

ここで取り組む問題は、プログラムを書き替える問題です。

問題 II.3.1 入出力関数から入出力ストリームへ

問題

次のプログラムは、名前の文字列を受け取って、「○○さん、こんにちは。」と出力するC言語のプログラムです。

```c
/*
 * cpp_3_1.c
 */
#include <stdio.h>

#define BUFFER_SIZE 256

int main(int argc, char *argv[])
{
    char name[BUFFER_SIZE];

    printf("名前=>");

    scanf("%s", name);

    printf("%sさん、こんにちは。¥n", name);

    return 0;
}
```

たとえば、次のように実行します。

```
名前=>椀子健太
椀子健太さん、こんにちは。
```

このプログラムを入出力関数を使わない C++ のプログラムに書き替えてください。

解答例

```cpp
/*
 * cpp_3_1a.cpp
 */
#include <iostream>
#include <string>

using namespace std;

int main()
{
    cout << "名前=>";

    string name;
    cin >> name;

    cout << name << "さん、こんにちは。" << endl;

    return 0;
}
```

解説

C++ では、標準入力から入力する cin と標準出力に出力する cout、および入出力操作子（マニピュレータ）である << や >> と、改行を示す endl などを使うことができます。

補足

C++ の入出力ストリームと C 言語の入出力関数をひとつのプログラムの中で混用することは推奨されません（予期した順序で出力されないことがあります）。

問題 II.3.2　名前空間指定から修飾へ

問題

次のプログラムは、名前の文字列を受け取って、「○○さん、こんにちは。」と出力するプログラムです。

```
/*
 * cpp_3_2.cpp
 */
#include <iostream>
#include <string>

using namespace std;

int main()
{
    cout << "名前=>";

    string name;
    cin >> name;

    cout << name << "さん、こんにちは。" << endl;

    return 0;
}
```

このプログラムの「using namespace std;」を削除したプログラムに書き替えてください。

II C++編

正解

```
/*
 * cpp_3_2a.cpp
 */
#include <iostream>
#include <string>

int main()
{
    std::cout << "名前=>";

    std::string name;
    std::cin >> name;

    std::cout << name << "さん、こんにちは。" << std::endl;

    return 0;
}
```

解説

C++で使う cin、cout と、改行を示す endl などは、名前空間 std に定義されています。これらを使うときにはあらかじめ「using namespace std;」で名前空間 std を使うことを明示するか、それぞれの前に std:: を付ける必要があります。

このプログラムを実行する例を次に示します。

```
名前=>椀子健太
椀子健太さん、こんにちは。
```

補足

:: をスコープ解決演算子ともいいます。

問題 II.3.3　構造体からクラスへ

問題

次のプログラムは、名前と年齢という情報を持つ構造体を使うプログラムです。

```cpp
/*
 * cpp_3_3.cpp
 */
#include <iostream>
#include <string>

using namespace std;

typedef struct _member {
    string name; // 名前
    int age;     // 年齢
} Member;

int main()
{
    Member m1;
    m1.name = string("Pochi");
    m1.age = 15;

    cout << "名前=" << m1.name << " 年齢=" << m1.age << endl;

    return 0;
}
```

このプログラムを実行すると、次のように出力されます。

```
名前=Pochi 年齢=15
```

このプログラムの構造体をクラスに書き替えてください。

解答例

```cpp
/*
 * cpp_3_3a.cpp
 */
#include <iostream>
#include <string>

using namespace std;

class Member {
    string _name; // 名前
    int _age;     // 年齢
public:
    Member(string name, int age) {
        _name = name;
        _age = age;
    }
    void print () {
        cout << "名前=" << _name << " 年齢=" << _age << endl;
    }
};

int main()
{
    Member m1("Pochi", 15);

    m1.print();

    return 0;
}
```

解説

クラスはキーワード class を使って定義します。コンストラクタを含むクラスのメンバーにクラスの外からアクセスできるようにするためには、アクセス修飾子 public: を付ける必要があります。

補足

次のようにしてもかまいません。

```
/*
 * cpp_3_3b.cpp
 */
#include <iostream>
#include <string>

using namespace std;

class Member {
    string _name; // 名前
    int _age;     // 年齢
public:
    Member(string name, int age) {
        _name = name;
        _age = age;
    }
    string get_name () { return _name; }
    int get_age() { return _age;   }
};

int main()
{
    Member* m1 = new Member("Pochi", 15);

    cout << "名前=" << m1->get_name() << " 年齢=" << m1->get_age() << endl;

    return 0;
}
```

問題 II.3.4 文字配列から string へ

問題

次のプログラムは、入力された英数文字からなる文字列を前後反転して出力するプログラムです。

```cpp
/*
 * cpp_3_4.cpp
 */
#include <iostream>
#include <string>

using namespace std;

char *revStr(const char *str)
{
    int i, len;
    static char buffer[512];

    len = strlen(str);
    for(i=0; i<len; i++)
        buffer[len - i - 1] = *str++;
    buffer[len] = 0;

    return buffer;
}

int main()
{
    cout << "=>";

    string str;
    cin >> str;

    cout << revStr( str.c_str() ) << endl;

    return 0;
}
```

このプログラムの文字配列や文字のポインタを string に変えたプログラムに書き替えてください。

解答例

```
/*
 * cpp_3_4a.cpp
 */
#include <iostream>
#include <string>

using namespace std;

string revStr(string str)
{
    static char buffer[512];

    auto iter = str.end();
    string result;

    --iter;
    while( 1 ) {
        result += *iter;
        if (iter == str.begin())
            break;
        iter--;
    }

    return result;
}

int main()
{
    cout << "=>";

    string str;
    cin >> str;

    cout << revStr( str ) << endl;
```

```
    return 0;
}
```

解説

　文字列のような C++ のオブジェクトは、イテレータ（iterator）を使って操作したり調べることができます。

　イテレータ（iterator）を宣言するときにはキーワード auto を使うと便利です。次の例は、文字列（string）の要素のイテレータを宣言して、それが先の要素頭を指すようにした例です。

```
auto iter = str.begin();
```

　次の例は最後の要素の後の要素の直前を指すイテレータです（end() は最後の要素を指すわけではありません）。

```
auto iter = str.end();
```

　イテレータが指す内容は * を使ってアクセスできます。次の例は、イテレータが指している文字を result の最後に連結します。

```
result = *iter;
```

　このプログラムを実行する例を次に示します。

```
=>abcde12345
54321edcba
```

補足

処理時間の早さという観点からはポインタを使った処理のほうが早くなる傾向がありますが、（特に大規模なプログラムの場合）プログラムの読みやすさやプログラミングの効率ではC++のオブジェクトを使ったほうが有利です。

問題 II.3.5　ループから for_each へ

問題

次のプログラムは、入力された英数文字からなる文字列の小文字をすべて大文字に変換して出力するプログラムです。

```cpp
/*
 * cpp_3_5.cpp
 */
#include <iostream>
#include <string>

using namespace std;

// 小文字を大文字にする関数
char toUpper(int c) {
    if (0x60<c && c<0x7b)   // 小文字ならば
        c -= 0x20;          // 大文字にする
    return (char)c;
}

int main()
{
    cout << "=>";

    string str;
    cin >> str;

    for (auto iter = str.begin(); iter!= str.end(); iter++) {
        int ch = *iter;
```

```
            cout << toUpper( ch );
        }
        cout << endl;

        return 0;
    }
```

このプログラムを、ループを使わないで、for_each を使ったプログラムに書き替えてください。

解答例

```
/*
 * cpp_3_5a.cpp
 */
#include <iostream>
#include <string>
#include <algorithm>

using namespace std;

// 文字を出力する関数
// 小文字は大文字にする
void toUpper(char c) {
    if (0x60<c && c<0x7b)   // 小文字ならば
        c -= 0x20;          // 大文字にする
    cout << c;
}

int main()
{
    cout << "=>";

    string str;
    cin >> str;

    for_each (begin(str), end(str), toUpper);
```

```
        cout << endl;

        return 0;
}
```

解説

複数の要素からなるオブジェクトに対しては、STL algorithm（アルゴリズム）にある for_each を使って各要素にアクセスできます。

for_each は次の形式で使います。

```
for_each(strat, end, func);
```

ここで、引数 strat は最初の要素、引数 end は最後の要素、引数 func は要素に作用させる関数です。

このプログラムを実行する例を次に示します。

```
=>abcdEFG123
ABCDEFG123
```

補足

関数に名前を付けずに、その関数の内容を直接式として記述するラムダ式を使うこともできます。

ラムダ式を使うと、プログラムは次のようになります。

```
/*
 * cpp_3_5b.cpp
 */
#include <iostream>
#include <string>
#include <algorithm>
```

```
using namespace std;

int main()
{
    cout << "=>";

    string str;
    cin >> str;

    for_each (begin(str), end(str),
        [](char &c) {                    // ラムダ式
            if (0x60<c && c<0x7b)        // 小文字ならば
                c -= 0x20;               // 大文字にする
        cout << c;});

    cout << endl;

    return 0;
}
```

問題 II.3.6 文字列の操作

問題

　次のプログラムは、入力された文字列の最後に文字列 "xyz" を連結してその結果の文字列と文字列の長さを出力するC言語のプログラムです。

```
/*
 * cpp_3_6.c
 */
#include <stdio.h>
#include <string.h>
```

```
int main(void)
{
    char str[256];

    /* 文字列を入力する */
    printf("文字列=>");
    scanf("%s", str);

    /* 文字列の最後に"xyz"を連結する */
    strcat(str, "xyz");

    printf("%sの長さは=%d\n", str, strlen(str));

    return 0;
}
```

このプログラムを文字の配列を使わずに、C++のstringを使ったプログラムに書き換えてください。

解答例

```
/*
 * cpp_3_6a.cpp
 */
#include <iostream>
#include <string>

using namespace std;

int main(int argc, char* argv[])
{
    string str;

    /* 文字列を入力する */
    cout << "文字列=>";
    cin >> str;

    /* 文字列の最後に"xyz"を連結する */
```

```
    str += "xyz";

    cout << str << "の長さは=" << str.length() << endl;

    return 0;
}
```

解説

　文字列の保存には string を使うことができます。このクラスは += をはじめさまざまな演算子が定義されています。
　string の長さは length() で調べることができます。
　このプログラムを実行する例を次に示します。

```
文字列=>abc
abcxyzの長さは=6
```

補足

　文字配列を使うより string を使うほうが有利な点は、バッファの長さを考えなくてよいことと、組み込まれているメンバー関数を利用できるという点です。

問題 II.3.7　書式指定

問　題

次のプログラムは、入力された整数を16進数と8進数で出力するプログラムです。

```
/*
 * cpp_3_7.cpp
 */
#include <iostream>

using namespace std;

int main(int argc, char *argv[])
{
    int v;
    char buffer[256];

    cout << "整数=>";
    cin >> v;

    // 数値を16進数で出力する
    sprintf(buffer, "16進数:0x%X", v);
    cout << buffer << endl;

    // 数値を8進数で出力する
    sprintf(buffer, "8進数:0%o", v);
    cout << buffer << endl;

    return 0;
}
```

このプログラムを C++ のマニュピレータを使ったプログラムに書き換えてください。

解答例

```
/*
 * cpp_3_7a.cpp
 */
#include <iostream>
#include <iomanip>

using namespace std;

int main(int argc, char *argv[])
{
    int v;

    cout << "整数=>";
    cin >> v;

    // 数値を16進数で出力する
    cout << "16進数:" << showbase << hex << v << endl;

    // 数値を8進数で出力する
    cout << "8進数:" << showbase << oct << v << endl;

    return 0;
}
```

解説

　マニピュレータを使うと、入力ストリームから抽出したり、出力ストリームに挿入することができます。
　このプログラムを実行する例を次に示します。

```
整数=>987
16進数:0x3DB
8進数:01733
```

補足

入出力ストリームを利用するときに使う主なフラグを示します。

表 II.3.1　入出力ストリームの主なフラグ

フラグ	機能
std::skipws	入力の中の空白文字をスキップする。
std::left	値を左詰めにする。右側はパディング文字で埋める。
std::right	値を右詰めにする。左側はパディング文字で埋める（デフォルト）。
std::internal	符号または基数表示と値の間にパディング文字を追加する。
std::dec	数値を 10 進数にする（デフォルト）。
std::oct	数値を 8 進数にする。
std::hex	数値を 16 進数にする。
std::showbase	基数を表示する。
std::noshowbase	基数を表示しない。
std::showpoint	浮動小数点数のときに小数点と後続する 0 を表示する。
std::noshowpoint	浮動小数点数のときに小数点と後続する 0 を表示しない。
std::uppercase	16 進数の A から F および指数表現の E を大文字で表示する。
std::showpos	正の値のとき符号（+）を表示する。
std::scientific	浮動小数点数を指数表記で表示する。
std::fixed	浮動小数点数を固定小数点表記で表示する。
std::unitbuf	挿入するごとにストリーム（デフォルトでは cerr）をフラッシュする。
std::stdio	挿入するごとに stdout と strerr をフラッシュする。

II C++編

問題 II.3.8　加算から総和アルゴリズムへ

問題

次のプログラムは、1 から 10 までの数を加算して出力するプログラムです。

```cpp
/*
 *   cpp_3_8.cpp
 */
#include <numeric>
#include <vector>
#include <iostream>

using namespace std;

int main(int argc, char *argv[])
{
    int sum = 0;

    for(int i=0; i<=10; i++)
        sum += i;

    cout << "1〜10の合計= " << sum << endl;

    return 0;
}
```

加算の演算子を使わないようにこのプログラムを書き換えてください。

解答例

```cpp
/*
 *   cpp_3_8a.cpp
 */
#include <numeric>
#include <vector>
```

```
#include <iostream>

using namespace std;

int main(int argc, char *argv[])
{
    typedef vector<int>::iterator iterator;
    int d[10] = {1,2,3,4,5,6,7,8,9,10};
    vector<int> v(d, d+10);

    int sum = accumulate(v.begin(), v.end(), 0);
    cout << "1～10の合計= " << sum << endl;

    return 0;
}
```

解説

アルゴリズム accumulate() は指定した範囲の要素の合計を計算します。ここでは int 型 vector である v の最初から最後まで(v.begin() から v.end() の直前まで)を加算します。

このプログラムの実行結果を次に示します。

```
1～10の合計= 55
```

補足

C++ では、あらかじめ用意されているさまざまなアルゴリズムを利用することができます。

C++ の STL（Standard Template Library、標準テンプレートライブラリ）には豊富なアルゴリズムが用意されています。主なアルゴリズムを表に示します。

表 II.3.2　STL の主なアルゴリズム

関数	機能
accumulate()	指定した範囲のすべての要素の値を累算した結果を計算する。
binary_search()	コンテナの要素に対してバイナリ検索を行う。

関数	機能
copy()、copy_backward()	指定した範囲の要素をコピーする。
count_if()	特定の条件を満たす要素数を返す。
equal()	ふたつの範囲を比較する。
equal_range()	コンテナの順序を変えずに要素を挿入できる最大範囲の位置を返す。
fill()、fill_n()	コンテナを特定の値で初期化（再初期化）する。
find()、adjacent_find()	要素を検索する。
find_first_of()、find_end()	コンテナの中の、サブシーケンスの最初／最後の要素を検索する。
find_if()	特定の条件を満足させる最初の要素を検索する。
for_each()	コレクションの要素に関数を適用する。
generate()、generate_n()	ジェネレータで生成した値でコンテナを初期化（再初期化）する。
includes()	ふたつのソートされたコンテナを比較して、一方の範囲のすべての要素が、もうひとつの範囲に含まれている場合に true を返す。
inplace_merge()	コンテナをマージする。
iter_swap()	ふたつの反復子が指し示す値を交換する。
lexicographical_compare()	ふたつの範囲を辞書順で比較する。
lower_bound()	コンテナの値が入る下限を示す反復子を返す。
upper_bound()	コンテナの値が入る上限を示す反復子を返す。
make_heap()	ヒープを作成する。
max()、min()	ふたつの値の最大値／最小値を返す。
max_element()	コンテナの中の最大の要素を示す反復子を返す。
min_element()	コンテナの中の最小の要素を示す反復子を返す。
merge()	ふたつのソートされたコンテナをマージして、別のコンテナに入れる。
mismatch()	ふたつのコンテナの一致しない最初の要素を返す。
next_permutation()	順序付け関数に従って連続した順列を生成する。
nth_element()	比較演算子を使ってコレクションを再配置する。
partial_sort()	指定した範囲の値をソートする。
partial_sort_copy()	指定した範囲の値をソートして、結果を別のコンテナにコピーする。

関数	機能
partition()	条件を満足させる要素を、条件を満足しない要素より前に配置する。
pop_heap()	ヒープから値を取り出す。
prev_permutation()	順序付け関数に従って連続した順列を生成する。
push_heap()	ヒープに値を保存する。
random_shuffle()	要素の順番をランダムに変更する。
remove()、remove_copy()、remove_copy_if()、remove_if()	要素を削除する。コンテナから要素を実際に削除したい場合は erase() を使う。
replace()、replace_copy()、replace_copy_if()、replace_if()	要素を別の値で置き換える。名前に copy が含まれている関数は、結果を別のコンテナにコピーする。
reverse()	要素の順序を反転させる。
reverse_copy()	要素の順序を反転させて、結果を別のコンテナにコピーする。
rotate()	指定した範囲の値を残りの範囲の値と交換する。
rotate_copy()	指定した範囲の値を残りの範囲の値と交換して、結果を別のコンテナにコピーする。
search()、search_n()	指定した範囲で値が一致する範囲を検索する。
set_difference()、set_symmetric_difference()	要素を操作して、ソートされた差集合を作成する。
set_intersection()	要素を操作して、ソートされた交差集合を作成する。
set_union()	要素を操作して、ソートされた和集合を作成する。
sort()、stable_sort()	要素をソートする。
sort_heap()	ヒープをソートされたコレクションに変換する。
stable_partition()	条件を満足する要素を、すべて満足しない要素より前に配置する。
swap()、swap_ranges()	コンテナ全体または指定した範囲の値を交換する。
transform()	指定した範囲の値に演算を適用する。
unique()	重複している要素を削除する。
unique_copy()	重複している要素を削除し、結果を別のコンテナにコピーする。

問題 II.3.9　メンバー関数から演算子へ

問題

次のプログラムは、円（Circle）のクラスの定義とそれを使って宣言した円の情報を出力するプログラムです。

```cpp
/*
 * cpp_3_9.cpp
 */
#include <iostream>
#include <string>

using namespace std;

class Circle {        // 円のクラス
public:
    double radius;    // 半径
    string color;     // 色
    Circle(double r, string col) {
        radius = r;
        color = col;
    }
    void print () {
        cout << radius << ":" << color << endl;
    }
};

int main()
{
    Circle c = Circle(2.3, "Red");

    c.print();            // 円の情報を出力する

    return 0;
}
```

このプログラムのメンバー関数 print() を、出力演算子 << に書き換えてください。

解答例

```cpp
/*
 *  cpp_3_9a.cpp
 */
#include <iostream>
#include <string>

using namespace std;

class Circle {      // 円のクラス
public:
    double radius;  // 半径
    string color;   // 色
    Circle(double r, string col) {
        radius = r;
        color = col;
    }
    friend ostream& operator<<(ostream& os, const Circle& c);
};
ostream& operator<<(ostream& os, const Circle& c)
{
    os << c.radius << ':' << c.color;
    return os;
}

int main()
{
    Circle c = Circle(2.3, "Red");

    cout << c << endl;

    return 0;
}
```

解説

出力のための関数 print() を出力のための演算子 << に書き換えます。

この演算子の引数は出力ストリーム（ostream）とこのオブジェクト（Circle）の参照にし、戻り値は出力ストリームの参照（ostream&）にします。

```
ostream& operator<<(ostream& os, const Circle& c)
{
    （出力ストリームに出力するためのコード）
    return os;
}
```

これは定型パターンとして覚えておくとよいでしょう。
このプログラムの実行結果を次に示します。

```
2.3:Red
```

補足

メンバー関数の代わりに演算子を定義して使うと、プログラムをより簡潔に記述することができます。

問題 II.3.10　C言語の乱数からC++の乱数へ

問題

次のプログラムは、0〜99の範囲の10個の整数値をランダムに出力するC言語のプログラムです。

```c
/*
 * cpp_3_10.c
 */
#include <stdio.h>
#include <stdlib.h>
#include <time.h>

int main()
{
    time_t t;
    int i;

    /* 乱数ジェネレータを初期化する */
    srand((unsigned) time(&t));

    for (i=0; i<10; i++)
        printf("%d\n", rand() % 100);

    return 0;
}
```

これをC++のstd::randomを使って乱数を生成するように書き換えてください。

II C++編

解答例

```
/*
 * cpp_3_10a.cpp
 */
#include <iostream>
#include <random>

int main()
{
    std::random_device rnd;

    for (int i = 0; i < 10; ++i)
        std::cout << (rnd() % 100) << "\n";

    return 0;
}
```

解説

「std::random_device rnd;」で乱数生成器を生成し、rnd()を呼び出すごとに乱数を生成することができます。

このプログラムを実行する例を次に示します。

```
95
13
91
45
27
9
58
23
17
72
```

補足

この乱数ジェネレータで生成される乱数のサイズは 32 ビットで、生成される値の範囲は 0 ～ 0xffffffff です。

問題 II.3.11　C 言語から C++ へ

問題

次のプログラムは、文字列を反転して出力する C 言語のプログラムです。

```c
/*
 * cpp_3_11.c
 */
#include <stdio.h>
#include <string.h>

int main()
{
    char s[] = "abcdxyz";
    char sr[BUFSIZ];
    int i, l;

    // 標準出力に出力する
    printf("s=%s\n", s);

    l = strlen(s);
    for (i=0; i<l; i++)
        sr[l-i-1]= s[i];     // srに逆に保存する
    sr[l] = '\0';

    // 標準出力に出力する
    printf("sr=%s\n", sr);

    return 0;
}
```

実行すると次のように出力されます。

```
s=abcdxyz
sr=zyxdcba
```

このプログラムを string とイテレーターを使った C++ のプログラムに書き換えてください。

解答例

```
/*
 * cpp_3_11a.cpp
 */
#include <iostream>
#include <string>

using namespace std;

int main(int argc, char *argv[])
{
    string s = "abcdxyz";

    // 標準出力に出力する
    cout << "s=" << s << endl;

    string sr;
    auto itr = s.end();             // テキストの最後を指すイテレータ
    do {
        sr += *(--itr);             // srに逆に保存する
    }while(itr != s.begin());       // 文字列の先頭まで繰り返す


    // 標準出力に出力する
    cout << "sr=" << sr.c_str() << endl;

    return 0;
}
```

問題 II.3.12　C言語関数の呼び出し

問題

　次のプログラムは、C言語のモジュール swapbyte.c とそれを呼び出す cpp_3_12.cpp です。

● C言語のモジュール swapbyte.c

```c
/*
 * swapbyte.c
 */

/* バイトを入れ替える */
void swapbyte(char *a, char *b)
{
    char c;
    c = *a;
    *a = *b;
    *b = c;
}
```

● C++のメインプログラムモジュール

```cpp
/*
 * cpp_3_12.cpp
 */
#include <iostream>
#include <string>

using namespace std;

extern void swapbyte(char *a, char *b);

int main(int argc, char *argv[])
{
    string s = "abcd";
```

```
    // 標準出力に出力する
    cout << "s=" << s << endl;

    swapbyte(&s[0], &s[1]);

    // 標準出力に出力する
    cout << "s=" << s << endl;

    return 0;
}
```

このプログラムは次のように出力することを目的としています。

```
s=abcd
s=bacd
```

しかし、このプログラムはこのままではコンパイル（コンパイル・リンク）を完了して実行することができません。
このプログラムをコンパイルして実行できるように書き換えてください。

正解

```
/*
 *  cpp_3_12a.cpp
 */
#include <iostream>
#include <string>

using namespace std;

extern "C" void swapbyte(char *a, char *b);

int main(int argc, char *argv[])
{
    string s = "abcd";
```

```
    // 標準出力に出力する
    cout << "s=" << s << endl;

    swapbyte(&s[0], &s[1]);

    // 標準出力に出力する
    cout << "s=" << s << endl;

    return 0;
}
```

変更が必要なのは cpp_3_12.cpp だけです。swapbyte.c は変更する必要はありません。

解説

C言語のモジュールにある swapbyte() を C++ のプログラムに正しくリンクするためには「extern "C"」にする必要があります。

```
extern "C" void swapbyte(char *a, char *b);
```

補足

C言語のモジュールを C++ のモジュールにリンクするときだけでなく、C言語のライブラリを C++ のモジュールにリンクするときにも「extern "C"」が必要です。

プログラミング問題

ここで取り組む問題は、プログラムを作成する問題です。ここで解答例として示すプログラムはひとつの例です。解答例と完全に同じでなくても問題なく目的を達成できれば正解とします。

問題 II.4.1 標準出力

問題

プログラムに複数の引数を指定して実行すると、引数の文字列をひとつずつ縦に出力するプログラムを作成してください。

たとえば、プログラム名が prog であるとすると、実行例が次のようになるようにします。

```
>prog ABC 123 XYZ
ABC
123
XYZ
```

解答例

```cpp
/*
 * cpp_4_1.cpp
 */
#include <iostream>

using namespace std;

int main(int argc, char * argv[])
{
    if (argc<3) {
```

```
            cout << "引数をひとつ以上指定してください。" << endl;
            return 1;
        }

        for (int i=1; i<argc; i++)
            cout << argv[i] << endl;

        return 0;
    }
```

解説

C++ で標準出力に出力する最も単純な方法は、std::cout と << を使う方法です。改行には std::endl を使います。「using namespace std;」を記述しておけば、修飾「std::」を付ける必要はありません。

補足

C++ では、次に示すように、変数を使う直前に宣言して使うことができます。

```
for (int i=1; i<argc; i++)
    cout << argv[i] << endl;
```

問題 II.4.2　CSVファイルの読み込み

問題

　名前と得点からなる次のような内容のCSV（Comma-Separated Values、カンマ区切り）ファイルがあるものとします。

```
朝日裕子,76
木藤薫,68
本郷衛,65
古井越智,46
山形次郎,85
```

　ファイル名はSample.csvであるとします。
　このCSVファイルを読み込んで、ファイルの内容と、平均値と最高／最低点を出力するプログラムをC++で作成してください。

解答例

```cpp
/*
 * cpp_4_2.cpp
 */
#include <iostream>
#include <fstream>
#include <string>

using namespace std;

int main()
{
    /* ファイルを開く */
    ifstream ifs("Sample.csv");
    if (ifs.fail()) {
        cerr << "ファイルSample.csvを開けません。" << endl;
        exit(-1);
```

```cpp
    }

    string name;
    int point;

    // csvファイルを1行ずつ読み込む
    while(getline(ifs, name, ',')){
        // 得点を取り出す
        string spoint;
        getline(ifs, spoint);
        point = stod(spoint);    // stringを整数に変換する

        cout << name << ":" << point << endl;
    }

    ifs.close();

    return 0;
}
```

解説

istream::getline()で指定の文字で区切られたデータを読み込むことができます。このときの書式は次の通りです。

```
getline(stream, str, ch);
```

ここで、引数 stream はストリーム、引数 str は読み込んだ文字列を保存する string、引数 ch は区切り文字です。

区切り文字を , (カンマ) にするには次のようにします。

```
getline(ifs, name, ',')
```

最後の引数を指定しなければ、改行までが読み込まれます。

```
getline(ifs, spoint);
```

このときの値は文字列なので、数値にするには変換する必要があります。
このプログラムの実行結果を次に示します。

```
朝日裕子:76
木藤薫:68
本郷衛:65
古井越智:46
山形次郎:85
```

問題 II.4.3　九九の表

問題

次に示すような九九の表を出力する C++ プログラムを作成してください。

```
  0  1  2  3  4  5  6  7  8  9
  1  1  2  3  4  5  6  7  8  9
  2  2  4  6  8 10 12 14 16 18
  3  3  6  9 12 15 18 21 24 27
  4  4  8 12 16 20 24 28 32 36
  5  5 10 15 20 25 30 35 40 45
  6  6 12 18 24 30 36 42 48 54
  7  7 14 21 28 35 42 49 56 63
  8  8 16 24 32 40 48 56 64 72
  9  9 18 27 36 45 54 63 72 81
```

なお、このプログラムでは printf() は使わないでください。

解答例

```cpp
/*
 * cpp_4_3.cpp
 */
#include <iostream>
#include <iomanip>

using namespace std;

int main()
{
    for (int i=0; i<10; i++)
        cout << setw(4) << right << i;
    cout << endl;

    for (int i=1; i<10; i++) {
        cout << setw(4) << right << i;
        for (int j=1; j<10; j++) {
            cout << setw(4) << right << i * j;
        }
        cout << endl;
    }

    return 0;
}
```

解説

　ストリーム出力では、setw(n) で出力する幅を指定することができます。また、left を指定すれば左揃えに、right を指定すれば右揃えにすることができます。

問題 II.4.4　乱数

> **問題**
>
> C++のrandomを使って、1〜100の範囲の10個の整数の乱数を生成して出力してください。

解答例

```
/*
 * cpp_4_4.cpp
 */
#include <iostream>
#include <random>

using namespace std;

int main()
{
    random_device rnd;

    for (int i = 0; i < 10; ++i) {
        cout << (int)((100.0 * rnd())/rnd.max()) << endl;
    }

    return 0;
}
```

解説

　rnd()は0からrnd.max()の範囲の値を生成するので、この値を100/rnd.max()倍すると0〜100の範囲の数になります。

　このプログラムを実行する例を次に示します。

```
22
20
34
44
44
67
56
8
24
98
```

補足

C++ の random を使うと、C 言語の関数 rand() よりも一様で広範囲の乱数を生成することができます。

問題 II.4.5　map（コンテナ）

問題

STL のコンテナ map を使って出席番号と名前を登録し、出力するプログラムを作成してください。

解答例

```
/*
 *  cpp_4_5.cpp
 */
#include <iostream>
#include <map>

using namespace std;
```

```cpp
int main(int argc, char* argv[])
{
    map< int, string > data;

    // データを登録する
    data.insert( map< int, string >::value_type( 5, "Tpmmy" ) );
    data.insert( map< int, string >::value_type( 3, "Jack" ) );
    data.insert( map< int, string >::value_type( 1, "Pochi" ) );
    data.insert( map< int, string >::value_type( 6, "Lucky" ) );
    data.insert( map< int, string >::value_type( 2, "Duke" ) );

    // 出力する
    cout << "サイズ=" << data.size() << endl;
    for (auto iter = data.begin(); iter != data.end(); ++ iter)
    {
        cout << (*iter).first << " : ";
        cout << (*iter).second.c_str() << endl;
    }

    return 0;
}
```

解説

mapは連想コンテナの一種で、キーと値のペアを保存します。要素はソートされ、キーは重複できません。この問題では、mapを使って整数（int）と文字列（string）の値のペアを保存します。

このプログラムの実行結果を次に示します。

```
サイズ=5
1 : Pochi
2 : Duke
3 : Jack
5 : Tpmmy
6 : Lucky
```

補足

typedef でマップの型を定義してしまえば、コードはより簡潔になります。

```cpp
/*
 *  cpp_4_5a.cpp
 */
#include <iostream>
#include <map>

using namespace std;

typedef map< int, string > strmap;    // strmapの定義

int main(int argc, char* argv[])
{
    strmap data;

    // データを登録する
    data.insert( strmap::value_type( 5, "Tpmmy" ) );
    data.insert( strmap::value_type( 3, "Jack" ) );
    data.insert( strmap::value_type( 1, "Pochi" ) );
    data.insert( strmap::value_type( 6, "Lucky" ) );
    data.insert( strmap::value_type( 2, "Duke" ) );

    // 出力する
    cout << "サイズ=" << data.size() << endl;
    for (auto iter = data.begin(); iter != data.end(); ++ iter)
    {
       cout << (*iter).first << " : ";
       cout << (*iter).second.c_str() << endl;
    }

    return 0;
}
```

問題 II.4.6　オブジェクトのリスト

問題

名前とEメールアドレスを保存するクラスを作って、そのインスタンス3個をリストに保存し、名前順にソート（並べ替え）して出力するプログラムを作成してください。

解答例

```
/*
 * cpp_4_6.cpp
 */
#include <iostream>
#include <string>
#include <list>

using namespace std;

class Address {
public:
    string name;
    string e_mail;
    Address(string nam, string mail) {
        name = nam;
        e_mail = mail;
    }
    bool operator<(const Address &rhs) const
    {
        return name < rhs.name;
    }
    void print () {
        cout << name << ";" << e_mail << endl;
    }
};

int main()
{
```

```cpp
    list<Address> data;

    // データを保存する
    data.push_back( Address("Wanko", "wanko@cutt.ca.jp") );
    data.push_back( Address("Pochi", "pochi@cutt.ca.jp") );
    data.push_back( Address("Kenta", "kenta@cutt.ca.jp") );

    data.sort();

    auto iter = data.begin();
    for ( ; iter != data.end(); ++iter) {
        (*iter).print();
    }

    return 0;
}
```

解説

作成したクラスの要素に対してsort()を使って並べ替えるときには、演算子<を定義する必要があります。

このプログラムの実行結果を次に示します。

```
Kenta;kenta@cutt.ca.jp
Pochi;pochi@cutt.ca.jp
Wanko;wanko@cutt.ca.jp
```

問題 II.4.7　ファイルをコピーするプログラム

問題

任意のファイルをコピーするプログラムを作成してください。
コピー元とコピー先のファイル名はコマンドラインで指定できるようにします。

解答例

```
/*
 * cpp_4_7.cpp
 */
#include <iostream>
#include <fstream>

using namespace std;

int main(int argc, char **argv)
{
    if (argc < 3) {
        cout << "コピー元とコピー先のファイル名を";
        cout << "指定して実行してください。" << endl;
        cout << "例：cpp_4_7 src dest" << endl;
        exit(-1);
    }

    /* ファイルを開く */
    ifstream ifs(argv[1]);
    if (ifs.fail()) {
        cerr << "ファイル" << argv[1] << "を開けません。" << endl;
        exit(-1);
    }
    ofstream ofs(argv[2]);
    if (ofs.fail()) {
        cerr << "ファイル" << argv[2] << "を開けません。" << endl;
        exit(-1);
    }
```

```
        cout << argv[1] << "から" << argv[2] << "にコピーします。" << endl;

        char c;

        while(!ifs.eof()) {
            ifs.get(c);
            ofs.put(c);
        }

        ifs.close();
        ofs.close();

        return 0;
    }
```

解説

コピー元とコピー先のファイル名をコマンドラインで指定できるようにするときには、コマンドラインの情報は、関数 main() の引数でプログラムに渡されます。

```
int main(int argc, char **argv)
{
```

引数 argc には引数の数が、argv[0] にはプログラム名が、argv[1] には最初のコマンドライン引数文字列が、argv[2] には 2 番めのコマンドライン引数文字列が入ります。

ファイルの内容を文字変数 c に読み込む典型的な手順は次の通りです。

```
/* ファイルを開く */
ifstream ifs(argv[1]);

/* 文字を読み込む */
ifs.get(c);

/* ファイルを閉じる */
```

```
ifs.close();
```

文字変数cにあるデータをファイルに書き込む典型的な手順は次の通りです。

```
/* ファイルを開く */
ofstream ofs(argv[2]);

/* 文字を書き込む */
ofs.put(c);

/* ファイルを閉じる */
ofs.close();
```

このプログラムを実行する例を次に示します。

```
C:\code>cpp_4_7 Sample.csv sample.txt
Sample.csvからsample.txtにコピーします。
```

問題 II.4.8　C言語の関数

問題

C言語の関数 toupper() を使って、入力された英数文字の文字列の小文字をすべて大文字にして出力するプログラムを作成してください。

解答例

```
/*
 *  cpp_4_8.cpp
 */
#include <iostream>
#include <string>
#include <cctype>

using namespace std;

// 文字列の中の小文字を大文字にする
string toUpperStr(string s)
{
    for (int i=0; i<s.length(); i++)
        s.at(i) = toupper(s[i]);
    return s;
}

int main(int argc, char* argv[])
{
    string s;
    cout << "英数文字列=>";
    cin >> s;

    cout << toUpperStr(s) << endl;

    return 0;
}
```

解説

　C言語の関数toupper()はctype.hに定義されています。このようなC言語の関数をC++のプログラムで使うときには、対応するC++のヘッダーファイルcctypeをインクルードします。

```
#include <cctype>    // #include <ctype.h> にはしない
```

ほとんどの場合、実質的には、これは ctype.h をインクルードすることと同じですが、C++ のプログラムで関数を使うために定義がいくらか変更されています。

このプログラムを実行する例を次に示します。

```
英数文字列=>abcdEFG123
ABCDEFG123
```

補足

そのほかの C 言語ライブラリを利用するヘッダーファイル（clocale、cmath、cstdlib、cerrno、climits、cmath など）の名前の付け方（先頭に c を付けて最後の .h を削除する）や使い方も同様です。

索引

[記号・数字]

#define	29, 78, 100
#ifdef	105
#include	33
*	208
+	184
+=	12, 184
->	187
.	187
//	4
::	202
;	3, 10, 34
<<	12, 200, 223, 234
=	173
>>	166, 177, 200
?	12
?:	16, 74
¥	4
¥"	39
¥'	39
¥?	39
¥¥	39
¥a	39
¥b	39
¥f	39
¥n	39
¥ooo	39
¥r	39
¥t	39
¥v	39
¥xhhh	39
_MSC_VER	108
_div_t	85
_onexit( )	104
_tzset( )	149
16進数	215
16進数の出力	166
16進表記	39
16進文字列	136
2進数	135
2進文字列	134
8進数	215
8進表記	39

[A]

abs( )	63
access( )	147
accumulate( )	219
adjacent_find( )	220
asctime( )	150
atexit( )	104
atof( )	56
atoi( )	56
atol( )	56, 140
auto	193, 208

[B]

back( )	197
begin( )	193, 195, 196
binary_search( )	219
bsearch( )	154
BUFSIZ	82

[C]

calloc( )	98, 156
ceil( )	31
cerr	186
cin	166, 186, 200
class	173, 204
clear( )	196
complex	179
const	78
copy( )	220
copy_backward( )	220

cos( ) 65
count( ) 197
count_if( ) 220
cout 163, 186, 200, 234
CR 21
CRLF 21
CSV ファイル 138, 235
ctime( ) 150
C 言語関数の呼び出し 229

[D]

delete 197
deque 180, 196
div( ) 84

[E]

empty( ) 196
end( ) 193, 195, 196
endl 163, 200
enum 117
EOF 82
equal( ) 220
equal_range( ) 220
erase( ) 196
errno 82
exit( ) 104
EXIT_FAILURE 82
EXIT_SUCCESS 21, 82
extern "C" 231

[F]

fabs( ) 63
fclose( ) 145
fgets( ) 110, 140, 145
fill( ) 220
fill_n( ) 220
find( ) 197, 220
find_end( ) 220
find_first_of( ) 220
find_if( ) 220
floor( ) 31, 63

fopen( ) 145
for 22, 50, 71
for_each( ) 209, 220
fputs( ) 145
free( ) 99
front( ) 197

[G]

generate( ) 220
generate_n( ) 220
getline( ) 177, 236
gmtime( ) 150

[I]

idiv( ) 85
if 48, 69, 73, 105
if else 69
imag( ) 179
includes( ) 220
inplace_merge( ) 220
insert( ) 196
isalpha( ) 58
isdigit( ) 58
islower( ) 58, 88
isspace( ) 58
iter_swap( ) 220

[K]

key_comp( ) 197

[L]

labs( ) 63
length( ) 171, 214
lexicographical_compare( ) 220
LF 21
list 194, 196
llabs( ) 63
lower_bound( ) 197, 220

[M]

main( ) 104, 113

make_heap()	220
malloc()	98, 156
map	196, 240
max()	220, 239
max_element()	220
max_size()	171, 196
memchr()	156
merge()	220
min()	220
min_element()	220
mismatch()	220
multimap	196
multiset	196

[N]

new	187, 197
next_permutation()	220
nth_element()	220
NULL	82

[P]

partial_sort()	220
partial_sort_copy()	220
partition()	221
pop()	197
pop_back()	197
pop_front()	181, 197
pop_heap()	221
pow()	63
prev_permutation()	221
print()	223
printf()	21
priority_queue	196
private	173
public	173, 204
push()	197
push_back()	181, 197
push_front()	181, 197
push_heap()	221
puts()	10, 21

[Q]

qsort()	153
queue	196

[R]

rand()	96, 126
random_shuffle()	221
rbegin()	196
real()	179
realloc()	99
register	35
remove()	221
remove_copy()	221
remove_copy_if()	221
remove_if()	221
rend()	196
replace()	221
replace_copy()	221
replace_copy_if()	221
replace_if()	221
reverse()	221
reverse_copy()	221
rnd()	226, 239
rotate()	221
rotate_copy()	221

[S]

scanf()	41, 110
search()	221
search_n()	221
set	196
set_difference()	221
set_intersection()	221
set_symmetric_difference()	221
set_union()	221
setbase3	167
setw()	238
sin()	65
size()	171, 181, 196
sort()	195, 221, 244
sort_heap()	221

sqrt( ) 63
srand( ) 96, 126
stable_partition( ) 221
stable_sort( ) 221
stack 196
std 166
stderr 186
stdin 186
stdout 186
STL 195
STLのアルゴリズム 219
strcat( ) 61
strchr( ) 61
strcmp( ) 133
strcpy( ) 61
string 184, 206, 214, 228
strlen( ) 93
strtok( ) 67, 140
strtol( ) 137
struct 33
strupper( ) 88
swap( ) 196, 221
swap_ranges( ) 221
switch case 115
system( ) 106

[T]

tan( ) 65
time( ) 96, 150
time_t 96
tm 150
toStr( ) 178
toupper( ) 248
transform( ) 221
typedef 33
TZ 149
tzset( ) 149

[U]

unique( ) 221
unique_copy( ) 221

upper_bound( ) 197, 220

[V]

value_comp( ) 197
vector 196, 219

[W]

while 71

[あ]

アダプタ 196
アラート 39
アルファベット 58
イテレータ 192, 208, 228
引用符 39
エスケープシーケンス 39
円記号 39
演算子 11, 43, 186, 222
演算子の優先順位 13

[か]

改行 3, 21, 39
階乗 51, 120
加算 12, 218
関数 25, 52, 83, 86, 99
キャスト 8, 31
キャリッジリターン 39
共用体 118
切り上げ 30
切り捨て 30
空白文字 3, 58
クェスチョンマーク 39
クラス 171, 188, 203
クラスのオブジェクト 187
グローバル定数 82
検索 152
構造体 32, 128, 203
コード行 3
コマンドライン引数 112
コメント 3
小文字 58

253

コンストラクタ 187, 190
コンテナ 180, 194, 240

[さ]

再帰関数 53, 121
三角関数 64
三項演算子 16, 18, 73
シーケンスコンテナ 195, 196
式 8
時刻 148
四則演算 114
実数 8, 56
シフト 12
シフト演算子 44
終了時に実行する関数 102
条件判断 15, 36
書式指定 215
書式指定文字 46
書式文字列 41
シングルクォーテーション 39
垂直タブ 39
水平タブ 3, 39
数値（文字） 58
数値関数 62
数値の出力 111, 163
数値の入力 111, 163
数値変換関数 55
スコープ解決演算子 202
整数 8, 56
絶対値 63
総和アルゴリズム 218
ソート 152

[た]

ダブルクォーテーション 39
短絡評価 36, 76
長整数 56
定数 79
定数シンボル 80
データ型 40
データの読み書き 144

テキスト行の読み込み 174
動的メモリ 97, 155
トークン 65

[な]

名前 4
名前空間 201
二次元配列 94, 130
二重引用符 39
二分木検索 154
入出力関数 199
入出力ストリーム 199, 217
入出力操作子 200
入出力の書式 45

[は]

バイナリサーチ 154
配列 89, 92, 97, 126
バックスペース 39
バックスラッシュ 39
ビープ音 39
日付 148
標準エラー出力 184, 186
標準出力 186, 233
標準入力 186
ファイルのコピー 141, 245
ファイルの調査 146
ファイルへのアクセス 145
ブール式 17
フォームフィード 39
複素数 178
復帰 39
プロトタイプ宣言 27
文 9
平方根 63
べき乗 63
変数 6
ポインタ 89, 92, 94

[ま]

マクロ 28, 99

| マニピュレータ 200, 216
| 丸め 30
| メモリ 198
| メモリ上の検索 155
| メンバー関数 222
| 文字 39
| 文字の種類 57
| 文字配列 206
| 文字列 19, 183
| 文字列関数 60
| 文字列の出力 109, 161
| 文字列の操作 212
| 文字列の長さ 168
| 文字列の入力 109
| 文字列の比較 132
| 文字列をコピー 61
| 文字列を反転 227
| 文字列を連結 61
| 文字を探す 61

[ら]

ラムダ式 211
乱数 96, 125, 225, 239
リテラル文字 4
ループ 22, 50, 209
レジスタ変数 35
列挙型 116
連想コンテナ 196, 241

■ 著者プロフィール

日向 俊二（ひゅうが・しゅんじ）
フリーのソフトウェアエンジニア・ライター。前世紀の中ごろにこの世に出現し、FORTRAN や C、BASIC でプログラミングを始め、その後、主にプログラミング言語とプログラミング分野での著作、翻訳、監修などを精力的に行う。わかりやすい解説が好評で、現在までに、C 言語、C#、C++、Java、Visual Basic、XML、アセンブラ、コンピュータサイエンス、暗号などに関する著作多数。

ドリル形式でやさしく学ぶ　C/C++

2017 年 1 月 10 日　初版第 1 刷発行

著　者	日向 俊二
発行人	石塚 勝敏
発　行	株式会社 カットシステム
	〒 169-0073　東京都新宿区百人町 4-9-7　新宿ユーエストビル 8F
	TEL （03）5348-3850　　FAX （03）5348-3851
	URL　http://www.cutt.co.jp/
	振替　00130-6-17174
印　刷	シナノ書籍印刷 株式会社

本書に関するご意見、ご質問は小社出版部宛まで文書か、sales@cutt.co.jp 宛に e-mail でお送りください。電話によるお問い合わせはご遠慮ください。また、本書の内容を超えるご質問にはお答えできませんので、あらかじめご了承ください。

■ 本書の内容の一部あるいは全部を無断で複写複製（コピー・電子入力）することは、法律で認められた場合を除き、著作者および出版者の権利の侵害になりますので、その場合はあらかじめ小社あてに許諾をお求めください。

Cover design　Y.Yamaguchi　　© 2016 日向俊二
Printed in Japan　ISBN978-4-87783-413-5